缅甸的风景，
缅甸的人，
如此的纯净。
当地人的笑容，
不会轻易遗忘，
如果你愿意靠近缅甸，
你肯定有所发现。

缅甸，现在去最好

叶孝忠／著

廣東旅游出版社
GUANGDONG TRAVEL & TOURISM PRESS
悦读书·悦旅行·悦享人生

图书在版编目（CIP）数据

缅甸，现在去最好 / 叶孝忠著. -- 广州 : 广东旅游出版社, 2014.7
ISBN 978-7-80766-856-5

Ⅰ. ①缅… Ⅱ. ①叶… Ⅲ. ①旅游指南-缅甸 Ⅳ. ① K933.79

中国版本图书馆 CIP 数据核字（2014）第 090403 号

出 版 人：刘志松
策划编辑：蔡子凤
责任编辑：蔡子凤
48962491@qq.com
封面设计：刘红刚 蔺 辉
版式设计：蔺 辉
责任技编：刘振华
责任校对：李瑞苑 刘光焰

广东旅游出版社出版发行
（广州市天河区五山路483号华南农业大学公共管理学院14号楼3楼 邮编：510642）
联系电话：020-87348243
印 刷：深圳市希望印务有限公司
（深圳市坂田吉华路505号 大丹工业园二楼）
开 本：965毫米×1280毫米 1/32
印 张：8.75
字 数：70千字
版 次：2014年7月第1版
印 次：2014年7月第1次印刷
印 数：1-5000册
定 价：39.80元

目录 contents

序

从过去走向未来

最近一次缅甸旅行，是为了这本书的创作，2012 年 2 月，缅甸正在开放中。

那是一次愉快的旅行，缅甸的风景缅甸的人，如此的纯净，带给我们极大的快乐，到了现在，我还会想起那个茵莱湖的少年，由湖中摘了一朵紫色的睡莲，做成项链，送给我们。

我看见缅甸的青山和海洋，古迹和城市，菜市场的丰盈，寺庙佛塔里精美的壁画和佛像，这是个天然资源如此丰富的国家，夹于两大强国之间。缅甸独特的地理位置和庞大的人口，在经济上，它应该能发挥强大的作用，它或许才是亚洲的交叉点。

然而这个国家的经济和政治，因为管理不当而带来重重灾难。它对全世界的贡献，几乎是邪恶的代名词，它最广为人知的国民，是二十年来不断被释放后又被软禁，为了追求自由和民主，牺牲了家庭和盛年的女子。

虽然缅甸政府并没有像朝鲜一样对游客严加控制、设置重重签证关卡和制造歌舞升平的假象，但它给人的印象实在太糟糕了，以致人们不会想去缅甸旅行，2012 年缅甸的游客入境人数为 100 万，而邻居泰国却有 2200 万。

在东南亚，缅甸是最为保守和封闭的国家，但缅甸也是我个人觉得最好玩的东南亚国家。缅甸有什么好玩的，却也是我经常要面对的朋友们抛出的疑问。它曾经是东南亚最强盛的王国，800 年前，吴哥王朝和缅甸的蒲甘可是东南亚的霸主。脱离英国独立后，1960 年代的缅甸是东南亚经济的希望之星，当时更是全世界最大的稻米出口国，其实在 19 世纪中期，缅甸也已经成了世界上最早出口石油的国家之一。它有延绵不绝的海岸线和崇山峻岭，国土面积为东南亚第二，约比中国台湾省大 19 倍。缅甸有 6000 万的人口，它也是世界上种族最多元的国家之一，在 8 个主要的民族里还能区分出 130 多个以上的次族群。这样的国家会不好玩吗？只能说，我们对它所知甚少，少得可怜。如果不是军人政府在 1960 年代发动政变，并紧紧地把权力握在手中，缅甸不会是现在的缅甸。但是历史从来没有“如果”的容身之地，对一些人来说，历史只有残酷、残酷和残酷。

被游客攻陷的东南亚，总有各种名目和花样来博取游客的欢心。唯有缅甸，它还没有学会挤眉弄眼，正如仰光那些华美的殖民时期建筑，铸铁的门窗上锈蚀斑斑，丑陋的电缆线将它重重包围，令人不轻易看见它的美。但如果你愿意靠近它，你肯定会有所发现。

旅行，往往最令人难忘的是当地人。生活在水深火热当中，缅甸人依旧有着纯朴乐观的个性。穷困也许会剥夺人们的尊严，但缅甸人会通过各种方式来告诉你，穷，也能过日子，不只能过日子，还能坚持理想和信念。在一个监控处处、反对派被打压的地方，总会有人冒着生命危险，冲到街上举起横幅高喊民主，勇敢说出真话。

缅甸人不是特别热情，但他们对人的好，往往是发自内心的。记得一次在蒲甘，再次回到一家我们很喜欢的咖啡馆，服务员见我们来到，二话不说马上把正在听的音乐换掉了，因为他记得我们很喜欢之前播放的缅甸歌手的音乐。走在缅甸的街头，经常可以看见一坛坛的水缸，里面盛满了干净的水，用来解过路人的渴，这缸水，永远是满的，总会有人定时来查看水缸吧，虽然我们从来未曾看过那些善心的人。看不见的，或许才是最值得珍惜的；看不见的，或许才是真正存在的。你绝对不会轻易在他们身上看见生活的痛苦。我一直记得在劳格徒步时，我们的导游 Lin，看我们可怜兮兮地走着，安慰我们说：“Life is full of suffering.”他说这话的时候，微笑着。对虔诚的缅甸人来说，苦难，或许是修行的一部分。

离开缅甸两个月后，4 月 1 日，愚人节，缅甸这次没有带给世人笑话，而是希望。民主补选的结果大快人心，昂山素季领导的全国民主联盟获胜，她并当选为国会议员，缅甸的政治和经济又出现了一道曙光。网站解禁，和平示威被允许，政治犯由天牢里走出来，电视播放着昂山素季的竞选演讲，强国领袖和缅甸的政要们握手言欢，对这块土地的资源和商机虎视眈眈。

回来后，我就开始为写这本书而忙碌，查找资料时发现关于缅甸的书都是可怜兮兮的，关于压迫关于灾难关于劣迹斑斑的人权纪录关于一个不愿意服从西方政治理念而备受谴责的神秘国度。才两个月，一个封闭了五十年的东南亚国家，要开始学习如何和外界接触，似乎所有过去和缅甸发生过关系的邪恶词语都需要重新审视，甚至改写。

当我写到缅甸的媒体时，媒体正要开放，严苛的审查制度渐渐瓦解。当我写到缅甸连 ATM 也没有时，当地的 ATM 已经能提取外币。电话卡无法国际漫游、上网速度奇慢，但它正在逐步改善电信网络，并邀请各国前来投资和帮助。在今天的缅甸，改变在朝夕之间。我所记录的文字开始显得力不从心，它好像在告诉我，已经不是这样了，不要这样写，我开始心灰意冷了。

人要如何面对过去，在一切不断被推翻重新被定位洗牌的今天，要如何拨开迷障，看见过去的价值？2012 年 6 月，在隔了 24 年后，昂山素季重返母校，并在牛津大学说了一番话：“今天是个很令人感动的一天，因为过去一直都在，它永远不会走开。但你可以从过去选择最好的来帮助你走下去。”

过去一直都在，不会走开。无论缅甸如何改变，都无法改变我曾经在这里获得快乐的事实。对我来说，这段已经成为了过去的旅行，最美好的不会轻易遗忘的就是当地人的笑容。或许就是因为想到这些我遇见过的人，想起他们的笑容，我才决定硬着头皮写下去。

去看看吧，正如我经常回答朋友疑问时说的，缅甸真的和你所能想象的不一样。

叶孝忠

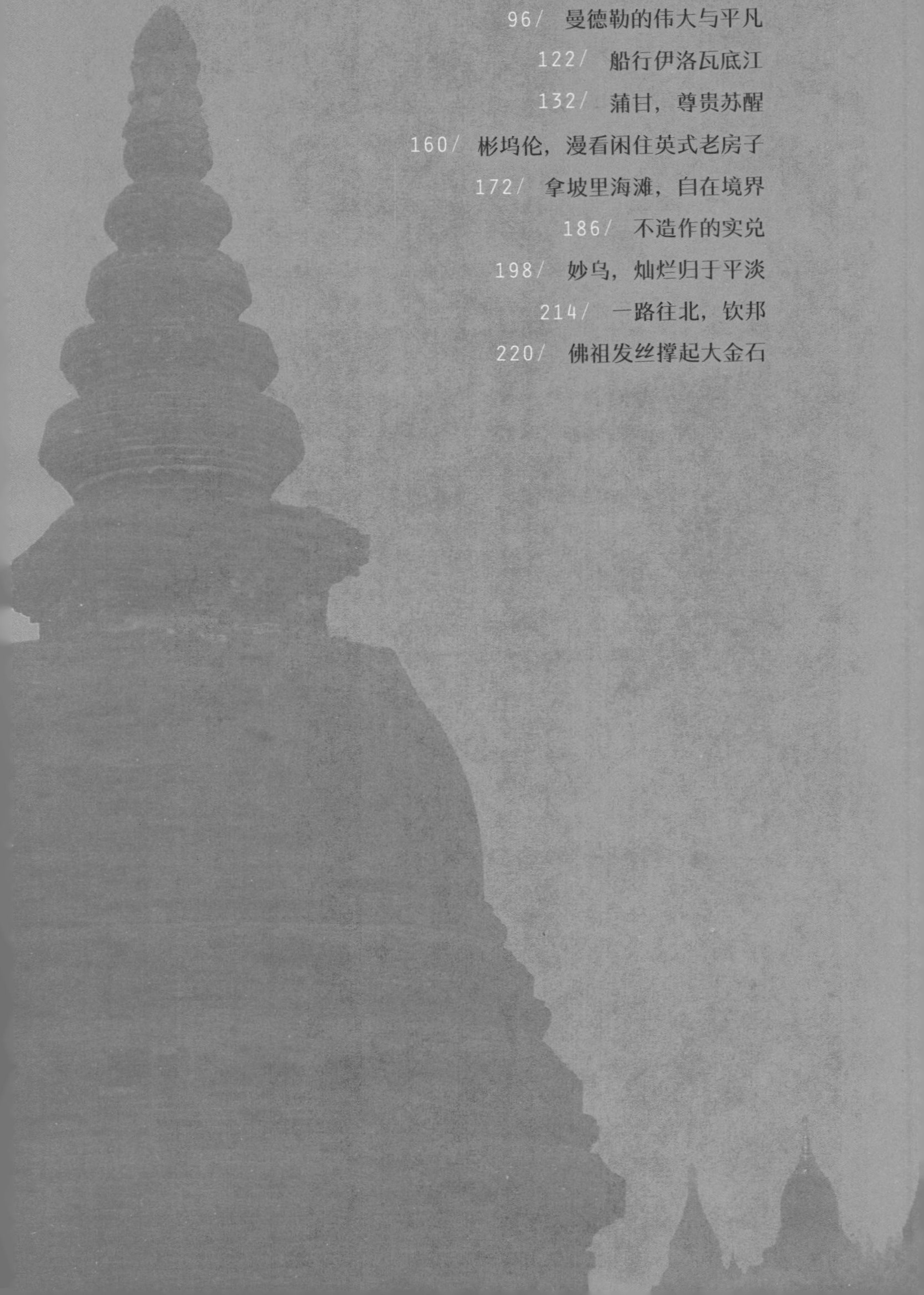

境。

Chapter 1

仰光，什么风把你吹来？

YANGOON REGION

@ 仰光省

商机 / 缅甸淘金

▲ 仰光的街头小贩

由新加坡飞往仰光（Yangoon）的班机几乎爆满，超过一半是西装笔挺的商务客，还有不少欧美背包客，由他们随意的打扮和轻松的神情来看，都应该是逛遍了东南亚的老鸟。回家的缅甸人双手提着超负荷的行李，塞满了战利品。

有人正在全神贯注地阅读着杂志里关于缅甸的专题报道，我瞥见标题中最大的字：商机。背包客则在翻阅最新出版的指南，试图先了解这个东南亚最封闭和神秘的国家。我很想告诉他，虽然这才是 2012 年出版的指南，但很多信息已经不准确了。

“这是缅甸，和你曾见过的任何地方都截然不同。”曾在缅甸南方城市毛淡棉（Mawlamyine）短暂停留的英国作家吉卜林说过。这一番话是赞美还是批评？而即使是现在来看，似乎也不过时。但缅甸正在改变中，翻天和覆地的变脸中。

“我十年前到过缅甸旅行，一直就希望能尽快再回来，这是我最喜欢的东南亚国家。”我对客舱上的邻居 Thant 说，并喜滋滋地向他描述了十年前的体验，走过的地方看见的风景遇过的人，不知道他们是否安好无恙？“一切没什么改变吧。除了现在游客已经不用强制性地兑换二百美元的外汇券。”一切没什么改变，是好还是坏？

Thant 有着超越他年龄的成熟言谈举止，三年前获得新加坡政府的奖学金，在新加坡国立大学念商科。他已经确定要留在新加坡大展拳脚，薪水高福利好环境舒适，说什么话也不用担心秋后算账。缅甸不久前第一次针对当地的就业情况做出全国调查，结果显示失业率高达 37%，月最低工资为 32 美元，缅甸 6000 万的人口中，超过 1/3 生活在贫困线下。

随着开放的脚步，他也清楚缅甸会有越来越多的机会。再过个几年，等情况好转的时候，Thant 还是想回家乡发展。缅甸是他的家，心之所至的地方，然而回家，意味着要在仰光转 15 小时的长途汽车，一路颠簸。

缅甸很美，人很友好，自然旅游资源丰富，你很快就会发现，这个国家并非你想象的那样，它更不应该有这样的命运。

“国家被他们搞得一团糟。”Thant 所指的他们，我心里有数，但他还是压低了声音。他对缅甸局势的乐观也是患得患失的。缅甸真的会改变吗？几次的改革都让缅甸人看见了希望，可是它们正如升空的肥皂泡泡，漂亮，但不堪一击。“谁知道呢？”

当地妇女依旧用十分传统的方式来售卖食品 ▶

▲ 色彩斑斓的彩绘纸伞

▲ 木偶是深受旅人欢迎的纪念品

政治 / 真相不易见

然而我还是很佩服这年轻人的勇气，能和素昧生平的人谈论政治，在一个监管严厉到处是告密者的社会，要说出心里话并不容易。来缅甸之前，经由朋友联系了一些当地人，但大部分的缅甸人都不愿意接受采访。朋友研究缅甸的当代艺术，认识不少艺术家，而艺术家应该敢怒敢言，但朋友还是提醒我，要交到知心的缅甸朋友需要时间，很长很长的时间，他们才会对你说真心话，到时候你才会了解，你所看见的并不完全是真相。

办理缅甸签证需要个人名片，作家或记者等都是不受缅甸政府欢迎的人物，为此我还印了不少假名片，过海关时我不断提醒自己是一家招聘公司的顾问，来缅甸谈生意。

入境时，我还是有点战战兢兢的。不是因为我做了什么坏事，而是缅甸政府给外人的印象实在太糟糕了。这种无形的恐惧，可能比结果还要可怕，昂山素季也不厌其烦地形容过很多次。没想到海关人员翻了翻我的护照，看了看签证，在签证上盖了章，我几乎要用“就这样简单吗？”的表情过了关。

一切比想象中轻松很多。

▲ 印上昂山素季头像的 T 恤衫

改变 / 破茧而出的黄金之国

仰光国际机场的设计十分现代化，热带的阳光照亮了一切，笔直的光束让飞舞中的尘埃更为猖獗，甚至还罕见地设有无线网络，虽然网速慢得令人抓狂，基本用不上。不到1分钟的通关手续，行李也不检查，虽然里面有几本我收藏得十分密实的“禁书”，一切显得异常的有效率。机场银行柜台兑换率和黑市差不多，几个月前游客若在机场或银行换钱，可要损失将近十倍的差价。2011年6月缅甸还对27个国家实行了落地商务签证政策，看来这个被西方抵制多年的国家是要大胆地往前走了。缅甸似乎也预见了自己的未来，它无法永远关起门来活下去，仰光还要建造新机场呢，以应付不断增加的国际航班。

小旅馆派来接送的车子，一身都是无法愈合的伤口。我大力地关上车门，确保车子不会半途把我抛下。不用指望安全带或空调，窗也没法关上，这样也好，能马上体会到这座城市的温度，2月份可是仰光最舒适的季节。速度表盘坏了一动也不动，正如50年来这座城市的发展，坐在椅子上能直接感受到弹簧的震动，里面像有生命要破茧而出，这些都预告了这趟缅甸之旅不会太舒坦。

正怀疑车子能开动吗？引擎连续发出了几声低吼，如喉咙里淤积了多年的痰，无法吐出来，叫人难受。司机努力再发动几次，像在驯服一只懒洋洋的老狮子，车子终于点上了火。能发动、刹车和按响车笛，这就足够在缅甸的道路上横冲直撞了。

仰光作为缅甸最大的城市，人口将近500万，但路上的车子似乎不多，大部分都是日本和韩国淘汰下来的车子，它们在缅甸找到了第二春。在这里，人们没有资格浪费。

车子一驶出机场就嗅到商业的气息，一列列巨幅的广告牌向缅甸人预示了甜美的生活和未来，电信、白兰氏鸡精、崭新的轿车、豪华公寓等等，但不少当地人的月薪还不及50美元。37%的失业人口，30%的人口生活在贫困线下，这些数字阴魂不散。广告模特儿大多是白白净净身材丰腴的缅甸美女，那是现时缅甸人对富态的理解。一个陈旧的广告牌上写着：欢迎来到黄金之国。车子随即吃了一个窟窿，颠了几下，把我送回真实的缅甸。

▲ 挺好逛的昂山市场，能买到当地艺术家的画作。

▲ 大金塔是缅甸人的信仰坐标　佳明 / 摄

大金塔 / 灵感暗处的倏忽光亮

没多久就看见光灿灿的大金塔（Shwedagon Pagoda），作家毛姆形容为灵感暗处的倏忽光亮。那是缅甸人信仰的坐标，在凶猛的热带阳光下长出了炫目却令人感觉安宁的光辉。塔顶上镶满了无数名贵的宝石，里面无时无刻不是充满了朝圣的信徒。他们依旧相信菩萨，到这里来祈求一生的平安；在这里聚集追求民主，让自己的声音能被听见。

1988 年，刚回国就被推上政治舞台的昂山素季在大金塔发表了一场重要的演讲，在这里游行示威，希望正义得到伸张。2007 年缅甸天然气价格涨了 5 倍，导致物价飞涨并引起民众抗议，缅甸僧人团体也积极相应，掀起了“袈裟革命”，拒绝军人的布施，断了他们积善的后路，要求政府道歉。然而正如过去任何的反政府游行一样，都遭到了缅甸军人的血腥镇压，当时一名日本记者长井健司被军人射杀，引起世界的震惊。

这一两年，缅甸的新闻依旧占据了不少国际媒体的版面，但不再只是那些可怕的消息了。旅游媒体发现了新大陆，纷纷呼吁它的读者趁缅甸未改变前快快去看看，《纽约时报》、《金融时报》和《孤独星球》指南等同时将缅甸列为 2012 年的热门目的地；国际媒体也大肆报道 2012 年 4 月份的补选，昂山素季所领导的国家民主联盟获胜，并顺利进入国会。民主之路才刚起步，但当地人乐观地说：一切会更好，还有什么能更糟的呢，美国人都来了。不少人也已经嗅到了商机，决定在这块神秘的土地上大展拳脚，可口可乐阔别缅甸多年，现在宣布要重新占领缅甸人的味蕾；仰光饭店似乎永远客满，房价翻了几倍，还一房难求；在街上我总能看见有气急败坏的人，拖着行李四处寻找下榻处；房门放着的“请勿打扰”如今换上了“欢迎光临”。

《纽约时报》、《金融时报》和《孤独星球》指南等同时将缅甸列为热门目的地；缅甸的街头因不同的风景而生动。

街道 / 新加坡的过去时

仰光一直都是近代缅甸的首都，直到 2005 年，军人政府一夜之间将首都迁移至中部的内比都，举世哗然，但各国大使馆及一些政府机构都不愿意搬到内比都那个不毛之地。因此位于伊洛瓦底江三角洲出海口的仰光依旧是缅甸的经济和文化中心，也是旅行者探访缅甸的第一站。

这是一座相对年轻的城市。18 世纪中，来自缅甸北部的贡榜王朝将当地的孟族赶走，仰光因此得名。“仰光”意为把敌人驱走，也被引申为胜利。然而仰光的胜利十分短暂，英国人于 19 世纪中吞并缅甸，随后将之列为英属印度的一个省份，而仰光则成了缅甸省的首府，英国人在这里建造了他们属意的房屋、铺设铁路、分区规划，仰光才成了现在的仰光。

十年前来过仰光，十年后再来，很意外地发现自己还认得路，主要干道还是坑坑洼洼的，像个不愿意长大的孩子。因人权纪录而受到西方政府的经济制裁，加上当地政府的管理不当，缅甸的经济自 1960 年代起就停滞不前，到了夜晚，仰光还会莫名其妙地停电，全国能保证 24 小时不断电的也只有新首都内比都。而旅游最大的乐趣之一，不外是让我们重新回到了我们以为再也回不去的时代，如果你想看看新加坡或曼谷的过去长什么样子，仰光绝对能满足你。

以此等规模的城市来说，仰光路上的车子不算多，二手的公交车是当地人的主要交通工具，总是以超载的姿态在马路上匍匐前行，喜欢二手车的旅人，会在缅甸路上找到不少童年回忆。叫人惊讶的是仰光市内禁止二轮机车，原因大家也说不清楚，有谣言说曾有个高官的座车被机车撞了，因此他下令禁止二轮机车在仰光的路上穿行。这个国家没有真相，只有谣言，而谣言往往被当成真相来解读。

Saiq-Ka / 缓慢欣赏殖民遗痕

我唤醒了在树荫下睡着了的 Saiq-Ka 师傅，对他说 1 美元，带我沿着 Strand Road 走一圈吧。这条路上挤满了华美而破落的殖民地老房子，被蜘蛛网一样的电缆缠绕着，但如果你愿意仔细瞧瞧这些房子的细部，那些窗花、柱子和阳台，你还能看到英国人为这座城市注入的心思。Saiq-Ka（side car）是缅甸三轮车，东南亚各地都有人力三轮车，但缅甸三轮车的造型最为独特，能坐两人，不过得背靠背地坐。我特别喜欢以三轮车的角度和速度浏览这个城市，这样的视角刚好容许一个缓慢而自在的城市印象。说仰光是东南亚最悠闲的城市，这样的评语一点都不过分。

市中心最繁忙的交通圈由金光灿灿的苏乐佛塔（Sule Pagoda）坐镇着，可见宗教在缅甸人心中的地位。佛塔约 45 米高，是仰光人心灵的交通灯，忙碌的仰光人经过佛塔时，总不忘进去朝拜，祈求平安和福气。

我由这里开始了解仰光，城里最主要的殖民地建筑都集中在这区域，附近的马哈班杜拉广场（Maha Bandula Square）矗立着不少华丽的楼房，大部分残旧不堪霉迹斑斑，像套了一件过时的大英帝国外套。仰光可是保留了最多殖民地建筑的东南亚城市。

◀ 仰光保留了不少殖民地建筑

说仰光漂亮，是需要一点想象力的。如果那些殖民时代遗留下来的老房子能再整修一下，或许我们更能轻易地感受到它逝去的锋芒，在空荡荡鼠辈横行的佩古俱乐部（Pegu Club）大厅里，听见英国统治者趾高气扬地批评缅甸的一切。佩古俱乐部是一栋全柚木打造而成的殖民地建筑，百年前可是仰光最高级的会员俱乐部。当时的缅甸对英国人来说是最糟糕的驻外地，高犯罪率、放肆的蚊子和闷热的气候，让他们避而远之。但英国人还是努力把仰光打造成家的样子，那些做工精细的铸铁窗花和栏杆就这样大老远地由英国运来。

华丽的颓败来自华丽的过去。赭黄色的移民厅大楼的风光早被风吹雨打落，正进行大规模地修复，它曾经是东南亚最大的购物商场（Rowe & Co Emporium），每季为客人提供厚达 300 页的产品目录，英国人能在这里找到家乡的时尚和滋味。它残破不堪，但依旧能通过漂亮的立面瞥见其光华。不远处的部长大楼（The Secretariat），曾是驻缅英国公务员的办事处，这被铁网封锁起来的大楼，红黄相间，是栋带有威尼斯拱顶的古典主义建筑，它应该算是东南亚最漂亮和雄伟的殖民地建筑吧。我在建筑的周边张望，很多房间都已经空置多年，杂草丛生，流浪的种子在屋檐上长出一株株的茂密，只剩下一排细长的棕榈和几个无所事事的警卫守候着这栋在缅甸近代史上占有重要地位的大楼。1947 年，32 岁的缅甸民族英雄昂山将军和近乎所有的内阁成员在这里被刺杀，他们正在这里开会，筹备着缅甸的独立。

现在这些都已经成了故事，舞台上的演员已经退下，只剩下空荡荡的舞台。

根据当地媒体的报道，不少华美的楼房将获得修缮，并改造成旅店、博物馆等。仰光确实还收藏着不少漂亮的老房子，前总督的房子由柚木打造而成，经过完好地修复，重现了往日的风采，变身为总督精品饭店（The Governor's Residence）。在泳池边芭蕉树下的躺椅晒太阳，或许更能感受到仰光久违了的美好时光。饭店内花木扶疏，灿烂的九重葛由矮矮的围墙生长出去，似乎也想看清楚外面的世界将如何翻天覆地。在仰光，愈来愈多老房子被改造成餐馆、旅店和精品店，以迎接时髦的旅人。

然而不是所有的仰光人都愿意看见这些富有历史意义的建筑被改头换面。2012 年 10 月，一群德高望重的律师就领导了数百名的群众游街，抗议政府将高等法院旧址和部长大楼卖给房地产开发商。

▲ 缅甸的殖民地老房子原汁原味，不少即将经过修复，以吸引更多的国外游客。

▲ 仰光的街景让人想起过去的新加坡

露天茶室 / 酒红袈裟轻扬过街

仰光的风景都收藏在街头巷尾。清晨，一列列赤足的僧侣，手捧着钵，沿街化缘，无声走过，那一身酒红色飘逸的袈裟可是仰光最沉默也最喧闹的景观。不一会，仰光就醒了，街上的活动多了，穿着传统服装的仰光人急急忙忙办事去了。在街头卖鱼汤米粉（Mohinga）的小贩，搅动着热腾腾的汤汁，为早起的仰光人张罗一早的温饱。仰光人的生活都赤裸裸地摊在街上，露天的小茶室不久就坐满了，客人们在交换着生气盎然的对话，小摊子售卖着早被淘汰的手机，店铺里充斥着来自中国廉价的日用品和讨价还价。早上 9 点的太阳，已经在炙烤着这块大地。缅甸人怕晒黑，或厌恶黝黑肤色的象征，脸上都涂上“特纳卡”（Thanakha），一些还绘上装饰性的图案。缅甸人将特纳卡树干磨成粉末，加点水就涂在身上，成了当地特有的防晒霜。地上一摊摊的鲜红色，槟榔渣会让杯弓蛇影的游客误以为这里曾经发生过血腥事件。

生活并不富裕，但一切看起来并不如我们想象的可怕。如果说贫穷会腐蚀尊严，但呆在仰光一星期，我没看过发脾气的人，没人为了鸡毛蒜皮的事情吵架，车子慢条斯理开着，也鲜有人猛按车笛。叫人意外的是厕所都很干净，连看不见的角落都能照顾好，那不是我见惯的所谓第三世界国家。

缅甸人依旧谦卑友善，递东西给对方时还会做个独特的礼貌手势，在世界各地也不多见。在这些人身上，收藏着最深的，或许是一些不愿意随意对陌生人透露的故事。

▲ 缅甸人喜欢坐在街头的茶室闲聊

▲ 当地的媒体越来越开放了

报纸 / 真实的只有版头日期

经朋友的介绍，我认识了 Suu，我们约在阳光的小茶室里见面。“50 年前的仰光不是这样的，甚至比现在还好。”Suu 说话不疾不徐，十分有条理，虽然她也因为参加游行坐过牢，被逼供过、出卖过朋友，让家人受到恐吓，都让她觉得羞愧，平静的语气里，似乎说着一个别人的故事。Suu 当过记者，依旧保持着一份清醒。“报纸，唯一能相信的就是版头上的日期。”Suu 笑着说，她指着我正在阅读的《缅甸真光报》，头版上的新闻正是高官们下乡访问时的“真实情况”。他们只想让你看到你可以知道的事情。1988 年曾听过昂山素季在大金塔的演讲，让 Suu 一度相信，缅甸快要脱离困境了，后来因为不想再为军人们编造谎言，Suu 离开了报社，找到了一份朝九晚五的工作，过着平民百姓的生活。

能轻易看见的未必都是真相。《在缅甸寻找乔治奥韦尔》一书中，作者埃玛·拉金写道，观光客每天面对着微笑的缅甸人，自然无法发现军政府种种残酷的行径，一些游客甚至认为国外的人权组织小题大做，作者的朋友用一个生动却悲凉的比喻，说明看不见的压迫所造成的不安：缅甸就像是一个得了癌症的女人。她知道自己病了，但她还是照常过自己的生活，仿佛一切没事一样。她拒绝看病，相反的，她把特纳卡粉涂在脸上，把鲜花别在头上，然后装成没事似的到市场闲逛。她与人交谈，人们也跟她说话。他们知道她得了癌症，她也知道自己得了癌症，但没有人说破。

陌生人 / 曼德勒啤酒后的遭遇

20 世纪 50 ～ 60 年代，自缅甸脱离英国独立之后，仰光可是东南亚最繁华的都城之一，更是亚洲航空枢纽之一，当时由欧美飞往亚洲的班机，几乎都得在仰光中转，再前往新加坡、澳洲等地，后来地位才让新加坡、曼谷或香港取代。

1962 年，国防军总参谋长奈温将军发动政变，推翻了吴努政府，成立了革命委员会，掌权后推行富有缅甸特色的社会主义，私人财产被没收，私营产业国营化，当周边的国家积极发展经济对外开放时，缅甸却关起门来对国际社会说“不”，这也是缅甸经济一落千丈的开始。二战前缅甸是世界最大的稻米出口国，到了 1967 年，竟爆发饥荒，陷入无法喂饱自己的窘境。自此以后，缅甸就慢慢罩上了神秘的面纱，对外输出的关键词，不外是游行、镇压，并开始受到西方社会的经济制裁。

Suu 说，2011 年缅甸人再次看见了希望。“这次相信政府是认真的了，突然的改变，虽然叫我们难以置信，但看情况，会越来越好了，只是那么大的改变，我们还有很多问题尚未解决，包括种族之间的纷争，不知道这些改变会不会带来另外一些问题，但如果不变的话，那么情况永远都不会获得改善。”

在街头闲晃的时候，遇见了一个缅甸的印度籍人萨米，他祖籍孟买，在英国殖民地时代，大批的印度人涌入仰光，他父亲也为了寻找更美好的生活而前来。“找个地方喝喝啤酒吧，我请客。”萨米说。凭着多年的旅行经验，我对在街上分外热情的人往往没什么好感，但在这里，我也乐意有个人能陪我聊会天。

我们找了一家茶室，叫了两瓶曼德勒啤酒，几杯后他就开始说着家里的悲惨遭遇，哥哥因为参加游行而被逮捕，后来又逃到美国去了，现在缅甸开放了，他哥哥下个月就要回家了，家里父母老了，需要钱、钱、钱。我想这些故事在缅甸也应该有一定的普遍性。他30岁，已婚，有两个小孩，压着嗓门，聊了两个小时的政治和压迫等。我逐渐对他的故事显得意兴阑珊，正想要埋单回饭店休息，我原本就打算请客，叫埋单时，他借故上了洗手间，对无法请一个陌生人喝酒，他觉得有点不好意思吧。离开前，他似乎还是鼓足了勇气问：能不能把他带出国。虽然他知道机会渺茫，但还是问了。我们道了不会再见的再见，各自遁入仰光漫长无边的黑夜里。

▼ 仰光有名的卧佛寺，寺内有造型优雅的卧佛像。

TIPS

仰光市中心不算大，步行即可游览主要景点。位于南边的老城区为棋盘式的布局，是缅甸人活动的中心；城市的北边为新区和大使馆区，设有几座公园和湖泊，也是当地人休闲娱乐的场所。

景点

大金塔（Shwedagon Pagoda）

高高在上的大金塔是仰光甚至缅甸的地标，坐落于市中心的小丘上，无论你在哪个角落都很难错过它。

通过长长的梯级抵达大金塔所处的平台，席地而坐的信徒根据自己的生日于各个不同的角落朝着大金塔膜拜。大金塔的四周则由无数的小佛塔烘托着。

根据当地传说，佛塔下埋藏了八根“佛发”，因此这个超过两千年历史的佛塔，是缅甸最神圣的宗教圣地，缅甸人一生的愿望就是到大金塔来朝圣。

大金塔通体黄金，所用的黄金据说就达到7吨，塔尖由近7000颗钻石和宝石镶嵌而成，位于塔尖最高的是一颗76克拉的钻石。大金塔的门票为5美金。

苏乐佛塔（Sule Paya）

高45米的苏乐佛塔位于老城中心，也是缅甸人聚集的地方，日夜都十分热闹，据说此塔已经有2000年的历史了。

殖民时期建筑

毗邻苏乐佛塔的是雄伟的缅甸市政府大楼（City Hall），为缅甸和欧式风格的混搭，设计十分独特；临河的斯特兰德路（Strand Road）是仰光的“外滩”，挤满了殖民时代的老房子，其中斯特兰德饭店（Strand Hotel）由新加坡莱佛士饭店创办人 Sarkies Brother 建造，修复后成了奢华饭店，不入住的话也可以来饭店所设的咖啡厅（Strand Cafe）享用下午茶。

昂山市场（Bogyoke/Aung San Market）

购物绝对是缅甸的一大亮点，建造于 1926 年的昂山市场共有超过 2000 家的店铺，除了能买到缅甸各地的手工艺品之外，这里也设有不少的宝石翡翠商铺和货币兑换商。市场的气氛十分家常，也能感受到浓厚的当地生活气息。

缅甸国家博物馆（National Museum of Myanmar）

拥有丰富收藏的缅甸国家博物馆坐落于使馆区，馆内陈列了不少历代缅甸王朝的历史遗物，其中包括一个雕工华丽约 8 米高的皇帝宝座，十分值得一看。门票为 5 美元。

网址：www.myanmars.net/myanmar-culture/national-museum.htm

环线火车之旅（Yangon Central Railway Station）

搭上这 4 小时的环线慢火车另类之旅，绝对能让你深入缅甸人的生活。每天约有 5 班火车由仰光火车站出发沿途经过周边的各个地区，最后回到仰光。你也能尝试搭一段，下车后坐出租车回市中心。

住宿

总督精品饭店（The Governor's Residence）

仰光有不少由殖民地老房子改造而成的奢华饭店。原为前总督的住宅，整栋老房子由结实的柚木打造而成，展示了缅甸人精湛的手工艺。挑高的天花板悬挂着吊扇，驱散了热带的溽热，坐在躺椅上或许更能体会到这里曾经有过的风花雪月。

网址：www.governorsresidence.com

埃拉曼达饭店（Hotel Alamanda）

由殖民时期老房子改造成的小旅店，位于环境舒适的大使馆区域，房间设有花园庭院。

网址：www.hotel-alamanda.com

东方饭店（East Hotel）

苏乐佛塔附近有不少不错的中档饭店，价格在 60 美元左右，其中开设不久的东方饭店，地点方便，和苏乐佛塔、昂山市场等都只是步行的距离。房间设计颇为时尚，还设有无线上网，旺季几乎天天爆满。

网址：www.east.com.mm

另外，不远处的梅县饭店，顶楼房间可以看见苏乐佛塔，老板是当地华侨，会说中文。

母土客栈 2（Mother Land Inn 2）

虽然离市中心较远，但这个为背包客服务的旅社十分受欢迎，也是结识旅伴的好地方，一楼的柜台、公共区域和餐馆经常坐满了住客，能获得不少旅行信息及交通安排，柜台接待的小姑娘会说简单的中文。记得提早预订。

网址：www.myanmarmotherlandinn.com

餐厅

在仰光老城的小巷弄里，经常可以看见露天大排档，售卖印度奶茶及缅甸人最喜欢吃的鱼汤米粉（Mohinga），这是一种以鱼汤炖煮的汤面，是缅甸最为大众化的美食。仰光也是感受缅甸地道美食的好地方。现在越来越多咖啡馆开始提供免费无线上网。

缅甸感餐厅（Feel Myanmar Food）

位于使馆区，午餐时间总是人满为患，门口小摊子上的炸物已能刺激你的味蕾，用餐环境干净轻松，价格也十分合理。

地址：124 Pyidaungsu Yeiktha Str.，Yangon

交通

飞机

仰光机场分为国际和国内航站楼，距离市中心约 1 小时的车程，走出航站楼就会遇见揽客的司机，到市中心价格约 8 美元，记得备好美元小钞。机场内现在设有兑换缅币的柜台，兑换率比市中心差一点。

长途客运

仰光共有两个主要的客运车站，距离市中心都颇远，坐出租车的话需要预留 1 小时左右。车站内颇为混乱，要搞清楚绝非易事。市中心有不少车票代售点，一般饭店也提供代售车票等服务。

市内交通

仰光的出租车可谓东南亚最便宜的，一般要价 2 美元左右。但是车子状况叫人不敢恭维，由于巴士路线过于复杂，所以不少人还是选择以出租车代步，可先向饭店打听好价格再和司机议价。

Chapter 2

来格劳，是为了离开

TAUNGGYI，SHAN STATE

@ 掸邦东枝县

长途汽车 / 星夜里抵达格劳

仰光的汽车站一片混乱，川流不息的人和妖娆的缅甸文热烈地纠缠，没有当地司机为我们指路，肯定走不出迷宫，终于在最后一分钟顺利登上开往掸邦（Shan State）格劳（Kalaw）的长途汽车。

发车不久后，司机就开始播放盘片，整车的人都盯着电视机不放，陶醉在缅甸肥皂剧的甜腻里。听不懂缅甸语，也看得懂剧情，富家公子爱上贫穷盲眼妹的催泪情节。电视里出现的房子场景和我在街上看见的有天壤之别，液晶平板电视、欧式风格的家具和梦想成真的故事，显得庸俗而廉价，却是车上搭客们所梦寐以求，甚至那些在我们眼中看起来颇为土气的洋装，也可能是他们羡慕的生活方式。电视剧的主题曲是孙燕姿的《绿光》，用温柔的缅甸语唱出来。在缅甸，总能听到缅甸版的台湾流行歌曲，二手、翻版、粗制滥造或许才是这里真实的生活状况。但这个国家曾经诞生过伟大的蒲甘王朝，前辈们所设计的佛塔和寺庙，经历千年至今依旧令人惊叹不已，这个国家什么时候遗失了创造力?

座位的邻居是个二十来岁的缅甸青年，竟然懂得说马来语，和我开始攀谈起来。他四年前去了吉隆坡。问他在吉隆坡做什么，他也说不清楚，就说是一些连马来西亚人也不愿意做的工作。因为父亲病重，所以特别回家一趟。“还是想回马来西亚，日子虽然不容易，但总比这里好，至少有收入能帮补家庭。爸爸死后，我就回马来西亚。”在东南亚各地有不少缅甸外劳，据说泰国就有将近300万的缅甸外劳，从事捕鱼、工厂打工等劳力活，其中不少是非法劳工，福利和生活等各方面都不能获得保障。

不一会，你就会发现，这条贯通仰光和曼德勒，并途经新首都内比都的崭新高速公路，汽车流量少得惊人。这应该是缅甸境内最好的一条公路，宽阔的路面，灿烂的街灯，因为过于光鲜，反而显得超现实。

劳民伤财的内比都据说花费了超过4亿美元来打造，现在那里还是一块工地，建筑大楼和将军府邸都硕大无比，死气沉沉的街景和缅甸政府的远景与野心形成强烈的对比。那不是一座为人设计的地方，首都的路就设有八条车道。

半夜，我们突然被一声巨响惊醒，车窗突然破了一个洞，迸裂成蜘蛛网状，该不会是遇上了游击队吧？整车人都醒了，司机熄了引擎，和副驾驶拿了棍子下车，往丛林里找肇事者。搭客也纷纷下车，在浓稠的夜里蹲着，仰望天上繁星。司机说：应该是一些闲着无聊的村民，对过路车射弹弓，刚好就射中我们。原来只是虚惊一场。

模模糊糊地睡着了，又模模糊糊地醒过来，司机呼唤我们下车，格劳已经到了。四点钟，天未亮，星光依旧灿烂，车子又颠簸地往黑暗驶去，留下了一条未睡醒的大街和几个颇为狼狈的旅行者。

摸黑找路，突然有个大叔出现，二话不说地把我们带到民宿，也没要求小费或什么的，就消失在夜里，朋友说他是“失眠的雷锋”。

民宿妇人知道我们凌晨抵达，因此睡得不熟吧，不一会就来开门。“先去梳洗睡觉吧，其他的明天再说。”缅甸人的待人接物总是令人感觉温暖。他们不是多话的人，但总设身处地为他人着想。

民宿 / 清晨阳光催醒旅人

清晨六点，清爽空气带着丝丝冷意，第一缕阳光催醒了格劳，炊烟和薄雾笼罩着山城，但醒来后，似乎也没什么正经事可做。这样的小镇最令人感觉舒服，什么也不用担心。

格劳只有1万人，原是英国人建造的避暑山庄，棋盘式的街道由一栋栋殖民地时期建造的老别墅构成。站在民宿二楼的阳台，整个小镇收入眼帘，视线马上被眼前的翁参札佛塔（Aung Chan Tha Zedi）吸引，镶嵌了一身碎镜的佛塔，反射着清晨的阳光，宛若干净透亮的世界。

“你们真幸运，今天刚好是市集日呢。”民宿的女主人已经为我们准备了丰盛的早餐，一身传统服饰穿戴整齐，开始忙着满足客人们的种种需求。格劳每五天都会有一次市集，据说挺热闹的。我们其实也只打算在格劳呆上一晚，因此能遇见市集也算是路上的好运气。能满足于微不足道的满足，或许正是缅甸旅行之道。

民宿的客厅里挂着不少泛黄的老照片，女主人青春正茂的模样，或许也曾经让她相信自己会一直很幸福，由相中人的服饰和神态上来推测，这一家庭过去应该颇为富裕，估计也曾经历过一些风风雨雨，对于过去，她想说的不多。缅甸人有种逆来顺受的韧性，这可能和佛教传统有关，或许他们会轻易地把不幸当成是前世造成的业报，把瞬间化为乌有的一切看成人生无常。

徒步格劳，友善的小僧侣向我们打招呼。▶

▲ 格劳的少数民族　Cookie/摄

▲ 男女老少都会涂上当地特有的“防晒霜”　Cookie/摄

市集 / 一身华袍的买卖

雾气逐渐散去，小镇的轮廓、色彩和声音也更为明显了。清晨八点市集就有了人气，来自周边山区的少数民族，换上一身彩虹衣，到市集上交易，把平常日子过得再平常不过。周围的群山和村庄的色调十分单纯，绿的山，蓝的天和褐色的房子，但村民们总是一身不甘寂寞的华丽。少数民族斑斓的美学，我们城市人永远学不会，那活泼蹦跳的色彩是一种心思上的纯洁。我们太过习惯用更和谐的黑灰白来伪装或包装自己，因此过于抢眼，不符合城市枪林弹雨的江湖生态。

市集摊子上似乎都写着“丰收”两字，叫人难以想象这是世界上最贫穷的国家之一。除了青嫩嫩的瓜果蔬菜，肥美的河鲜之外，缅甸的菜市场也有不少的花摊，当地人买来供佛，也能装点家居，有那么多花贩的菜市场会令人感觉良好。

镇里的茶室最为热闹，卖些最简单的油条和奶茶，裹着艳丽头巾的老人忙着吃早点，也忙着让游客们拍照。当地人对拍照似乎没什么忌讳，对镜头露出腼腆的笑容。

逛市集是格劳的旅行亮点 ▶

▲ 缅甸的菜市场也有不少的花摊，当地人买来供佛，也能装点家居。

健行 / 背包客集散地

对旅人来说，格劳从来不是目的地，只是个起点。来格劳，其实是为了离开。周围的山林布满了由村民走出来的徒步路线，由格劳开始，一天走个六小时，第二天就能抵达茵莱湖。那湖位于缅甸的中部，被群山好好地收藏着，也是此次缅甸行的亮点。上次是乘车去茵莱湖，这次打算慢慢走闲闲逛地靠近她。

走路才能慢瞧细看，脚下的路、身边的花、一双双惊动的翅膀、一对对好奇的眼睛和露水微风构成了路上风景的点滴。我常常在旅途中安排一些自虐的项目，比如徒步之类，把自己放进山水里，忘记了现代生活的便利和种种满足了也未必能快乐的欲望。

走路，是最佳的旅行速度。自己的双脚才是天下最牢靠的交通工具，慢点快点想蹲着或躺卧都能自己调整。对于在此地生活的缅甸人而言，走路更像是刷牙洗脸每天必须干的事情，而对旅人来说，这刚好能将自己于巴士、飞机等相对封闭的空间中释放出来，面对青天脚踏实地。

这一路不算难走，沿途尽是田园风光和无数的小村子，由木头搭建的农舍大多简陋没多少家具，却也打理得算干净。村人忙着村里琐事，他们或许很难理解我们竟然会为了走他们每天走的路而付出他们一星期的收入。农家日常繁琐的生活在我们城市人眼里都显得新奇。沿途小孩虽学会了向游客讨糖果，但他们还贴心地送你一朵乡间的野花。糖果和野花，到底谁比较珍贵？

走得累了在大榕树下乘凉，导游 Lin 马上由背包取出橙子或干粮。他是数学系的毕业生，算来算去都没想到自己需要靠双脚来谋生。一脸憨厚，对着累垮了的我们说：Life is full of suffering。一语双关。

▲ 格劳周围有不少的徒步路线

▲ 山区是感受缅甸淳朴乡村生活的好地方

徒步时遇见的缅甸小孩，当地人依旧保留了很原始的农耕生活方式。

寺院 / 与僧侣同醒睡

入夜前，我们抵达一座古老的禅修院，院里住了好多的小僧侣。贫穷的缅甸家庭会把家中小孩送到寺庙里，保管吃住还能接受免费教育，在缅甸，僧侣团体其实也负起了保护弱势群体的责任，因此深受当地人的爱戴和尊重。

脸上永远挂着浅浅笑意的小僧侣在我们面前快快走过，扬起一道道袈裟的风，葡萄酒红色的，那画面会惹人醉意，这时候才了解为什么美好的风景会令人陶醉。

木结构的主殿以柚木打造而成，深色的质感承担了岁月的重量。正如缅甸的传统建筑，这佛学院也离地而造，并设计了不少窗口，因此就算室外是一塌糊涂的闷热，只要脚踩在光滑的地板上，就能感受到一股凉意。殿内十分幽暗，唯有正前方的神坛上亮着灯，佛陀慈悲的眼神俯视着众生。

Lin 说：这就是今晚的住宿地了。然后忙着张罗晚餐，布置小餐桌子，还点上蜡烛，在匮乏和简单中却尝到了温暖和心思。晚饭后，Lin 就铺上床垫被褥，等待着我们潜入梦乡。

能在僧侣的晚课和早课中，佛陀慈悲的眼底下入睡和醒来，人生几何。隔天早上出发前，小僧侣们忙着打扫，我们拜会了住持，接受了平安的祝福，Lin 说你们可以捐些钱，一切随意不强求。

再上路时，已经快八点钟了。当身体开始习惯了累，一路走着走着，也就不觉得累。抵达茵莱湖码头时已将近黄昏，换上船直奔住宿地。

远处是山近处是水，天地相连处是偶尔被打扰的湖，船艇剪出一圈圈一圈圈的涟漪，水草在清澈的水中轻轻舞动，晴朗的天空容不下一朵白云，画面干净而张弛有致，有无数的浓彩也有大量的留白。湖上渔夫用脚撑船，那是当地人一种独特的划船方式，慢慢往湖心荡去，那缓慢淡定的姿势，如功夫一样的利落了当，正如缅甸给人的印象。

▲ 在寺庙中入睡和醒来是很独特的体验

▲ 当地热情的僧侣，抢着让我们拍照。

TIPS

交通

由仰光到格劳大约 12 小时的车程，票价约为 10 美元。缅甸汽车的冷气强劲，加上格劳地区海拔较高，记得在车上备好保暖衣物。

徒步路线

由格劳到茵莱湖的徒步路线十分成熟，难度也不高，沿途经过的都是小村庄，晚上则在寺庙内过夜。在旺季，寺庙里可要住超过 50 名的旅行者。

一般人会选择三天的徒步，我们选择了两天的行程。第一天先坐车到拉缅（Lamaine），由此徒步到当晚住宿的禅修院需要 6 小时，隔天再走大约 5 小时就能抵达茵莱湖。一路都是乡村土路，海拔不高不算难走。

费用

每人每天向导费大概 15 美金，包括行程上的食宿等。大件行李导游可以安排机车托运，能送到佛学院和终点站。

Chapter 3

茵莱湖，
隐秘的水天堂

NYAUNGSHWE, TAUNGGYI, SHAN STATE

@ 掸邦东枝县娘水镇

山水 / 收藏天地大美

一路颠簸，五脏错位，但我知道终点是茵莱湖（Inle Lake），也就放心了。茵莱湖像缅甸人，平静温柔，世界的纷纷扰扰仿佛和她无关。

掸邦一带连绵的山脉是茵莱湖的天然屏障。挤满人的长途巴士绕着山蜿蜒而行，越难走的路，越能收藏好风景。

当卧躺在山群之中的茵莱湖出现在眼前时，疲惫的旅人们似被风景注射了兴奋剂般清醒了过来，眼睛盯着湖不放。身边的英国人吐出 magical 这个形容词，的确，有什么形容词比 magical 更适合用来形容初次见到茵莱湖的感受呢？

那是十年前的体验了，再见茵莱湖，她还是她。

茵莱湖是缅甸的首席旅游目的地之一，毫无例外地出现在所有缅甸旅行者的行程中。这个位于缅甸东北部高原上的湖泊景色异常秀丽，山环着水，水映着山，湖边有水乡，水乡中浮着寺庙，无数的手工作坊和水田也在水上轻盈地荡着，人在其中生活，天天和风景相遇，自然能洗去一身凡尘。这里的人都长得标致，地灵人杰有一定的道理吧。2012 年的缅甸小姐就是掸邦人，出生在附近的城镇，并代表缅甸参加冲绳举办的国际小姐选美比赛。这也是缅甸自 1962 年后再次参加国际性的选美比赛，或许是时候再度让世界见识到缅甸的姿容，就算迟了五十年。

这是世外桃源吗？无论你留给茵莱湖多长时间，都似乎永远不够，旅人们总在行程中给茵莱湖多加上几天。这湖，的确会轻易让人失去理智。遇见一个德国女孩玛丽，原本在这里只想要呆五天，结果留了三个星期，缅甸哪里都去不成了。无所谓，她说，因为还会再回来缅甸。玛丽已经在东南亚旅行快一年了，泰国、老挝和柬埔寨都走遍，最喜欢的是缅甸。这里游客最少，人最真诚。他们不算有钱，甚至可以说一穷二白，但总有那么多看起来很开心的人。这里有专制的政权，这里有全世界最低的GDP，但表面上来看，似乎它们对当地人的生活影响不大。

有湖的所在，总让人觉得舒坦。河是关于到达和离开、物流和搬运的。缅甸的历代王朝大多立足于伊洛瓦底江流域，河是诞生伟大故事的舞台，而湖则让你停下脚步，让安逸闲适得以发生，在湖边和河边发呆，想的事情会有所不同吧。

我们打算在这里呆上五天，好好看湖。日出和日落都包船游湖。清晨六点，让船夫把我们载到湖心，清晨的茵莱湖总会起大雾，在氤氲雾气中慢慢靠近她。太阳的第一缕阳光几乎将湖底照亮，水草摇曳，水面如镜，早起的渔夫用脚缠着桨，像玩杂技一样举起锥形的篓子，慢慢荡开一天的涟漪。这是生活提炼出来的姿态，省钱环保又有益身心，如果有一天他们为小舟装上引擎，可能人们就会毫不犹豫地放弃这些古老而不合时宜的生活方式吧。我不敢想。

每年10月至12月，就有大约2万只红嘴鸥飞来茵莱湖过冬，我们刚巧遇上，和它们一起旅行。这群贪食的候鸟，只要做出往天空抛掷的动作，就会一路尾随你游湖，等你赏赐。

◀ 湖边有水乡，水乡中浮着寺庙，无数的手工作坊和水田也在水上轻盈地荡着。

▼ 你肯定也会轻易地爱上宁静的茵莱湖

▲ 入住湖边的酒店，更能感受茵莱湖的美好。

浮田 / 水上筑起日常生活

茵莱湖不止是一处观光胜地，对当地整个娘水镇区（Nyaungshwe Township）的人而言，湖更是生活的重心所在。因为湖，景点和生活都在水上轻轻轻轻荡。当地人口约13万余人，由几个不同少数民族构成，以茵达族（Intha）占多数，他们终日与水为伍，自然懂得和它相处，甚至发明了一种特别的浮土栽种法，利用湖里的水草和泥土，在水面上筑起菜园、花园、果园。当船划过浮田，菜园会随着水的波动微微荡漾。当地人熟练地在水田间撑着船，在浮田和浮田之间播种、灌溉、施肥和收获。西红柿、豆子、卷心菜等都长得十分标致。

茵莱湖的生活方式应该和几个世纪前没什么不同吧。坏地方变好，好地方变差，难得这个世界还有一些地方竟然能不动声色地维持不变。当地的雪茄厂、编织坊依旧采用手工而传统的方式作业，其中最独特的产品无疑是由莲花丝编织而成的面料。

水上菜园是茵莱湖的一大特色，当地人与湖相依为命。▶

莲花布 / 虔诚搓揉纤纤莲花丝

很多年前，一名虔诚的佛教徒为表诚心，利用莲花梗的丝，为佛像编织了一件袈裟，无意间创造了一种独特的面料。谁会想到这柔软而坚韧的面料就来自湖中娇弱的莲花？天地万物都蕴含着无限的可塑性，需要有心人来激发，而创意往往来自一种近乎宗教式的热忱和奇想。

制作莲花布费工费时。每天清晨，当地人就会到湖中采集莲花，先将莲花梗折断，取出细丝，再将几条细丝搓揉成线，用手工编织，一切得在 24 小时内编织，不然莲花丝的纤维就会被破坏，整个过程中并没有加入任何人工的漂染，十分环保。据说每人一天也只能做出 120 克的莲花线，产量极少，当地一条莲花围巾售价约 100 美元。信徒看见的是莲花的象征，而精明的商人看见的则是商机。意大利著名品牌 Loro Piana 就采用了茵莱湖的莲花布，为客人定制了价格超过 1 万美元的西装。

以莲花丝编织成的围巾十分珍贵 ▶

▲ 当地人依旧采用传统的方式来制造生活用品

木佛寺 / 跳猫翩然成景点

茵莱湖的佛寺都依水而建，仿佛一朵朵水中冒出的莲，有一种难得的祥和及宁静，浅水处水草曼舞，游鱼穿梭其中，我和午后的阳光一起落在寺庙的石板上。

十年前来过木佛寺（Nga Phe Kyaung），但我现在几乎认不出它来。寺庙周围多了不少商铺，卖着廉价的旅游纪念品，只要你对货品表露出一丁点的兴趣，看店的大婶们就会千方百计一减再减地把货品卖给你。

拥有150年历史的木结构老庙里供奉着不少佛像，风格造型各异的木佛，收藏自缅甸的不同地区和朝代，都有沧桑却依旧庄严的表情。木佛寺供奉的不止是佛，还有一群矜贵的猫，也因为这些猫，引来了大批的游客。

寺庙的木地板十分清凉，十几只猫似乎也沾染了缅甸人的悠闲脾性，在众目睽睽之下，毫不客气地睡午觉，懒洋洋的，完全没有主角的气派。不善解猫意的游客，用期待的眼光看着猫，希望它们尽快登场亮相。负责主持表演的妇女敲响了锣，又引来了一大群的游客围观。一位游客先是丢了一把猫食，引起猫儿们的注意，希望它们能振作起来，一些猫被诱惑催醒了，弓起背伸懒腰后，在游客间走来走去。喂，现在可不是让你表演猫步！

这些猫都有着外国明星的名字，比如Tina Turner、Michael Jackson和Leonardo等，十分洋气。木佛寺的僧侣自30年前开始训练野猫表演，或许为了打发时间，也为了吸引更多的信徒前来（因为能驯服娇贵的猫为你表演，不也是神迹的展现吗），却无意间引起游客的关注，现在还莫名其妙成了茵莱湖最著名的旅游观光景点之一，因此木佛寺也被称为“跳猫寺”。

经过了一轮的热身，猫也已经准备好了，坐成埃及猫的尊贵姿势，淡定地等待指示。妇女用手摸过猫的颈项，仿佛触动了某机关，猫一个跃身，缩起手脚，穿过1米高的圈子，灵巧着地。观众欢呼，猫领了应得的猫食，若无其事走开，再慢悠悠地回到原先的位置，我好像看见它脸上露出一丝不屑的表情。

▲ 拥有150 年历史的木结构老庙

▲ 这些猫就是木佛寺的主角

茵达人 / 单脚划船水上飘

我们要了一叶木舟，带路的民宿服务员往运河对岸喊了一声，Aung 就像表演水上飘一样划着木舟而来，那姿势仿佛水上哪吒，只是他的风火轮是一叶扁舟，他用脚勾着船桨，一拐一拐地划。茵莱湖的茵达人都有一项特别本领，就是用脚来划船。

游览茵莱湖，可选择乘坐摩托船或独木舟。不过，独木舟不允许进入大湖，只能在纵横交叉的河道上穿行。这能避开人潮，也看到茵莱湖更为真实和幽谧的一面。

大部分的茵达人都是渔夫，用脚划船，能舒缓手酸，也能让他们看清楚水草间的肥美鲤鱼。我让 Aung 教我，笨手笨脚地尝试，发现那根本就是不可能的任务，我连平稳地站起来都觉得困难重重，更何况还要用脚来操作船桨。

Aung 在 5 岁时就懂得用脚划船。那是生活和环境教会的本事。这时候，一群小孩在一个小孩的带领下，用脚慢慢划离岸，在妈妈唠叨的声声叮咛中出发。Aung 说他们要去上学呢，那也曾经是他的童年。

Aung 家里开杂货店，有四个兄弟姐妹，他是老大，几年前就开始半工半读，下课后有空就会带游客游览茵莱湖。这几个月游客量激增，Aung 也多了不少额外收入，一些大方的游客会给他不少小费，一个月的收入比一般人的薪水还要高，家里的生活也获得改善。“在

▼ 大部分的茵达人都是渔夫，用脚划船，能舒缓手酸，也能让他们看清楚水草间的肥美鲤鱼。

这里就算考上大学，毕了业之后，也未必比现在赚的钱多。”从小就在家境拮据的环境下长大，Aung 自然懂得精打细算。他虽然喜欢读书，但是学校的环境比较单纯，累的只是脑，而当导游是身体的累，满足感除了来自金钱的回报，还能让游客们更了解他们，爱上这里的文化和风景，也让他觉得开心。通过游客，Aung 也认识了外面的世界。

“我最喜欢英文，如果能上大学，我想念经济，新加坡也有很多大学吗？将来我要当导游，当导游能赚比较多钱。你们一个月的薪水多少？”Aung 一边划着船，一边问问题。

这时，小木舟已经行至美丽宁静的乡村，Aung 静默不语，让我们安静地欣赏风景，轻轻的纯熟的一叶小舟载着城市人剪开水上田田的莲花。他由水中摘了两朵绽放的紫莲，做成项链，帮我们挂在颈上。

▲ 单脚划船的茵达人是湖上最动人的生活姿态

缅绍克村 / 村庄长在水上

当地人开始发现游客的钱比捕鱼种田好赚，也开始兼任船夫，带游客参观他们的日常生活。一个湖，通过各种各样的方式养活了一群人。“要不要看我们的超级市场？明天刚好有个市集呢。”走在娘水镇上，总会遇见锲而不舍的船夫兼导游。

茵莱湖每五天都会有个市集，轮流在不同的村庄举行，明天的市场就在较少游客踏足的缅绍克村（Maing Thauk）。谈好价格和时间，翌日清晨，我们决定看人卖菜去。

缅绍克村是离娘水镇中心不远的小村子，位于茵莱湖的东边，一半的村庄长在水上，清晨的房子和远山自恋地映在水面上，只让船只荡开的涟漪打扰。薄雾掩映中，早醒的孩童划着桨上学去，也惊醒了鱼儿的梦。船夫熄了引擎，让船缓缓靠岸，如果人真的走进画里，那么这就能用来形容我们此刻的心情。但愿它永远如此。

才 8 点钟，这里早已经进行了无数的交易，市场以售卖日常用品及湖鲜、瓜果蔬菜为主，茵莱湖的鲤鱼及浮田所种植的西红柿都特别出名。市场内有不少售卖小吃的摊子，导游为我们买了现炸现卖的掸邦豆腐，黄色的掸邦豆腐其实严格意义来说不是豆腐，而是采用豌豆制成的豆制品，蘸上酱料后，特别的美味。

市场虽然出现了不少专售手工艺品的摊位，但还不算商业化。当地人总很淡然无事地做买卖，你可以说他们并不积极，我猜他们对所谓的富裕还没什么概念。朋友买了几个掸邦独特的披肩包，小贩接过钞票就往货品上拍打，希望能带来更多的好运气。买卖的气氛十分融洽，当地人似乎也不太讲价，寒暄几句，就开始交易，总是笑呵呵的。曾经到过缅甸的吉卜林，在《从大海到大海》书中写着缅甸的所见所闻，这个刻薄的作家形容缅甸人是性情温和的民族，特别喜欢笑，“奇怪的是每个人都在笑——他们似乎在笑头顶上的天空，因为它是蓝色的。他们笑夕阳，因为它正在西沉。他们相互笑，因为他们没有更好的事情可做。”没有比笑着更好的事要做，该也是一件好事吧，不是吗？

◀ 水上浮脚屋
▶ 当地人喜欢在清晨买鲜花供佛

TIPS

茵莱湖位于缅甸东部的掸邦高原上，海拔约900米，气候凉爽。狭长的湖泊南北长约22公里，东西宽约11公里，湖的四周散布着村庄、佛寺和手工作坊等。茵莱湖的门票为5美元。

景点

五佛塔（Phaung Daw Oo Paya）

茵莱湖区最重要的寺庙，供奉着五尊佛像，缅甸人为它们贴上金箔，久而久之佛像就变成五个金块。每年10月茵莱湖会举办隆重的点灯节，寺庙船屋的金天鹅大船就会载着佛像巡湖，同时也举办单脚划船比赛等，十分热闹。据说1975年的游行还发生过一件十分离奇的事，游行时风浪太大，导致船在湖中翻覆，佛像也掉入水中，当地人马上派人打捞，只找回四尊，回到庙里，才发现第五尊佛像安然无恙地坐在佛座上，身上还湿漉漉地沾着水草。如今翻船的地方就设立了一个金天鹅纪念碑。

住宿

大部分旅人都选择住在茵莱湖北边3公里处的娘水镇上（Nyaungshwe）。娘水是一个十分闲适的小镇，镇中心有个热闹的菜市场，周围有不少小茶室、廉价旅馆、餐馆、旅行社、网吧等，还开设有不少专门为背包客服务的小咖啡馆等，安排交通、导游等一条龙服务。娘水镇的住宿选择较多，不时都有新旅社开张，走走看看，比较一下价格和环境再定下来，双人间价格由20美元起。湖上也有不少度假村，一般都是水上屋，能更靠近湖，价格由150美元起。

娘水惊喜饭店（Hotel Amazing Nyaung Shwe）

位于娘水镇中心，无论地点或房间设施都十分吸引人，因此旺季时订房不易，露天餐馆靠近小水道，庭院里种着老树，让路过者都忍不住要看一眼。

网址：www.hotelamazingnyaungshwe.com

观点饭店（View Point）

娘水最新的高档饭店之一，设计十分时尚，庭院种满了热带花卉，宛若小镇中心的绿洲。饭店附属的餐馆，供应新派的缅甸菜肴，摆盘十分精致，服务员都会解释菜品。

网址：www.inleviewpoint.com

五月旅馆（May Guesthouse）

老板十分友善，正如其他住宿一样也能为游客安排船只游览茵莱湖等。房间算是干净简单，庭院的用餐区域种满了兰花。湖中的住宿虽然较为昂贵，但入住于此肯定更能感受到茵莱湖的美好，乘着船的方式抵达已经极具戏剧性了。

地址：85 Myawaddy Road, Nyaungshwe

电话：+95-81-209417

黄金岛度假别墅（Golden Island Cottages）

由当地的 Pa O 族公社经营，一共经营两家度假村：Nampan 和 Thale U。度假村采用水上屋的设计，并设有供应当地菜肴的餐馆等。

网址：www.gicmyanmar.com

茵莱公主度假村（Inle Princess Resort）

湖上较为顶级的住宿，设计采用不少缅式家具等，不少房型还设有靠湖的阳台。

网址：www.inleprincessresort.com

餐厅

金风筝餐厅（Golden Kite Restaurant）

娘水镇上能找到各式各样的小餐馆，市场附近也有夜市，售卖烤鱼等，晚上十分热闹。金风筝位于小镇的主干道上，供应十分地道的比萨和意大利面，是娘水最受欢迎的餐馆之一。

地址：Yone Gyi Road, Nyaung Shwe

电话：+95-81-29327

交通

仰光、曼德勒和蒲甘都有班机前往赫霍（Heho）机场，该机场距离娘水约 50 公里。若由曼德勒（14 美元，12 小时）或仰光（20 美元，15 小时）搭长途汽车前往茵莱湖，得在瑞良村（Shwenyaung）转车到娘水。

Chapter 4

曼德勒的
伟大与平凡

MANDALAY REGION

@ 曼德勒省

清晨 / 佛陀遗忘的皇城

吉卜林在《通往曼德勒之路》诗中，把去往曼德勒（Mandalay）的路上写得诗意翩然，以至这个地名成了缅甸版图上最令人神往的目的地。

伊洛瓦底江上飞鱼随行，风里棕榈雾中稻田，耳边是缅甸女子温柔的喃喃细语和金塔上清脆的铃铛声。诗人从未到过曼德勒，那是他离开南方城市毛淡棉时所激发的诗情。

还好诗人没来到今日的曼德勒。它让你不再轻易相信诗人所搭建的世界。作为贡榜王朝的最后一个皇城，现为缅甸第二大城市的曼德勒，和富有殖民地气息的仰光比较，曼德勒脸色显得较为模糊。人们依旧热烈地嚼着槟榔，路边摊的小老板咧开嘴笑，快要腐烂的牙齿和蜜糖的肤色一点也不协调。

扁平的曼德勒，病恹恹地摊在中部平原上。城市位于伊洛瓦底江边上，由奇峰突起的曼德勒山坐镇着。曼德勒最漂亮的角度无疑是由曼德勒山上鸟瞰，整座城市如一张百衲布，老的新的斑驳的俗艳的全部缝缝补补于一体，当你能不看细节时，曼德勒还算是漂亮的。相传佛陀曾经路过曼德勒山，并且预言一个伟大的城市将出现在山脚。在佛教盛行的缅甸，任何伟大的遗址都不可避免地沾上宗教色彩。而现在佛陀早已经遗忘了这座城市。

▲ 每天午饭时间上千名僧人排队领餐的画面，吸引了大批游客的围观，甚为壮观。

1857年，贡榜王朝的明东王将都城由10公里外的阿玛拉布拉（Amarapura）搬迁到曼德勒，1885年就让英国人接手。二战时，日本占领缅甸，曼德勒再次卷入战乱，皇宫被熊熊大火所吞噬。由于经历不少战乱，所以不少古迹已经遭到一定程度的破坏。

英军和日军大大伤了曼德勒的筋骨。曼德勒的老房子不多，棋盘式的城市布局，挤满了盒子般的楼房，低矮的楼房沾染了百年尘埃，类似中国农村会看见的水泥建筑，不少建筑不封顶，有余力的时候能更上一层楼。

这不是一座会令人一见钟情的城市，同样破落的墙壁长满了霉菌，潮湿而闷热，同样入夜等于入黑，道路崎岖不平尘土飞扬，正如这个国家的民主之路。太阳一下山，漆黑占领了它的版图，走路可要特别当心随时出现的陷阱，失去了石盖的排水沟会随时把你吞噬。娇生惯养的人，很难在这样的城市生活下去，但曼德勒人还是有滋有味地生活着。我们坐在露天的小摊子上，大排档的椅子都很低矮，让人更接近土地更觉得渺小更懂得谦卑。市中心有个夜市，一盏盏昏黄的煤油灯让一切活动都变得鬼鬼祟祟的，小摊子摆卖着

▲ 超载的小巴承受着搭客们惺忪的睡梦

一地的二手书，还有保险套、酸溜溜的小吃等等，曼德勒人在昏暗中照常过小日子。

要喜欢一个不怎么容易喜欢的城市，最好去看看它的清晨。正如东南亚的城市，曼德勒迟睡早醒。赤足僧侣手持着钵在街上化缘，超载的小巴承受着搭客们惺忪的睡梦。

曼德勒是缅甸的宗教和文化中心，据说全市共有大大小小八百座寺庙、佛塔和禅修院，住着为数不少的僧尼。离市区不远的马哈刚大勇僧院（Mahagandhayon Monastery），每天午饭时间上千名僧人排队领餐的画面，吸引了大批游客的围观，甚为壮观，面对着无数的录像机和相机，僧侣们依旧要保持着淡定若无其事的模样。问导游这样是否会打扰僧侣的生活，给他们带来不必要的困扰，导游笑着表示无所谓的，生活中还有其他更多的烦恼。缅甸的僧侣拥有崇高的社会地位，当地媒体也经常报道高官们拜会高僧并进行各种积善行为和仪式。缅甸僧侣一直有介入政治的传统，而曼德勒作为缅甸宗教中心，这里的僧侣也富有革命精神，受施于民众，更有为民请命的责任，2007 年缅甸的“袈裟革命”，当时不少僧侣被殴打逮捕入狱，甚至被迫还俗，送返家乡。

赤足僧侣手持着钵在街上化缘

▲ 娇生惯养的人，很难在这样的城市生活下去，
但曼德勒人还是有滋有味地生活着。

华侨 / 精力放在赚钱上

来到这没多久你就会发现，除了佛塔和佛学院之外，曼德勒街头巷尾还存在大量的汉字。

缅甸共有 600 万的华侨，主要来自中国的沿海地区，大多聚集于仰光和曼德勒。据说他们自清代就定居于此，当地华人习称曼德勒为“瓦城”，因为缅甸历史上著名的古都阿瓦（Inva）在其近郊。

由于欧美多年来对缅甸实施经济制裁，因此中国成了缅甸最大的投资国。曼德勒邻近中国，不少嗅觉敏锐的中国商人也已经在这里打天下。以云南人为主的中国人在曼德勒进行了不少投资，包括开设购物商场等，当地的玉石生意也由中国人所垄断。

“中国人有钱，也善于做生意，有赚头后，就把亲朋戚友都叫来。缅甸相对落后，也没什么资本，开放以来，更多的中国人来到这里，我们处在一个不公平的平台上。”司机一边开车，一边指着沿途经过的饭店、商铺和购物中心，其中不少都有中国人的投资，其语气中明显有“排华”的口吻。1967 年，仰光和曼德勒引发了严重的“排华”事件，不少华侨也在这起事件中遇难。

难怪不少当地人会抱怨现在的曼德勒就如一座中国的卫星城。走在街上，当地人和我们打招呼的方式就是：“Are you Chinese?”我们入住的京华旅馆，也显然是中国人投资的，饭店是当地最高楼之一，顶层还能眺望曼德勒皇宫、城墙和护城河。房间干净舒适甚至备有桌面计算机，走道上有中国人在抽烟，房门开着，几个人正在打牌上网。不小心眨眼，我会以为自己在一个中国三线城市。

曼德勒华侨的生活方式早已经缅化，但很多还能说带有东南亚腔调的汉语，不少华侨虽然算是第三代移民，但在缅甸却依旧被当成二等公民。据了解，缅甸身份证分为红、绿和蓝三种，本国公民持有红色身份证，能享有较多的福利，而华人通常持有绿色身份证，只有投票权，而无选举权。

▲ 曼德勒的华人较多，过年也会有舞狮活动。

正如东南亚其他华侨一样，没有机会从政，就只好把精力都放在赚钱上，而且身在异乡的华人生存能力强也善于经商，因此华侨的经济地位都颇高，有能力的都会把子女送到中国香港、台湾或新加坡求学。

在老城区闲逛时，无意间发现一家中文书店，里面堆满了来自中国的盗版书籍及过期杂志。黄姓书店老板是第二代华侨，已经晚上9点了，大部分的商铺都已经打烊，他依旧在书店里帮着整理书堆。他父亲于20世纪50年代由福建南来。小时候他曾经不解地问爸爸当年为什么来到缅甸。爸爸下南洋的时候经过了香港、马来西亚和新加坡，最后却选择在缅甸扎根，结果害苦了一家子。爸爸回答说当时的缅甸可是东南亚中最有希望的国家，我们中国人一出门自然要挑最好的地方去。黄老板记得缅甸领导人曾经到新加坡取经，问到底你们是怎样把新加坡规划得那么好。新加坡政府向他摊开一张老旧的仰光地图，笑着说我们是学习你们的。

人算不如天算，人定胜天，人其实也不过是上天的棋子，上帝不小心打了个盹，走错一步，就全盘皆输。黄先生曾经在宝岛台湾工作多年，后来回到缅甸就开始经营书店生意，那是他一直以来的梦想，孩子已经长大也能独立，这时候或许更应该考虑自己到底喜欢做什么。

店里最受欢迎的是产自深圳的点读笔，黄先生兴奋地向我们展示这套学习汉语的神奇工具。“中国经济地位越来越重要，也越来越多人学习中文，这可是我们店里最受欢迎的产品。”

马哈牟尼佛塔 / 流淌虔诚的信徒

作为缅甸的宗教中心，曼德勒拥有无数的寺庙和佛塔，如果你能抵抗睡虫的侵扰，可以在 4 点钟爬起床，到马哈牟尼佛塔（Mahamuni Paya）看诚心的信徒为佛像进行洗脸仪式。这组由佛塔和寺庙组成的建筑群位于曼德勒市南边，每时每刻流淌着虔诚的信徒。

1784 年，贡榜王朝的缅王波道帕耶（Bodawpaya）由妙乌（Mrauk U）夺得这尊庄严的佛像，就建造佛塔来供奉它。马哈牟尼佛塔的青铜佛像高约 4 米，重达 6.5 吨，当地人将它视为佛陀的真身，因此在缅甸享有十分崇高的地位。

当地人到这里为佛像贴上金箔，长年累月下来，金箔已经厚达 7 厘米，然而只有男子才能进入佛像范围，为佛像贴上金箔。一众被佛祖拒于门外的女子，跪坐佛前，手持鲜花，念念有词，就算周围挤满了拍照的游客，也丝毫不受干扰。

马哈牟尼佛塔的鼎盛香火，也催发了不少衍生产业，佛塔四周的走道都是售卖宗教物品和提供算命服务的摊子。我虽然不迷信，但总有一个习惯，每到一处，有可能的话都会去算个命，我总觉得由算命佬身上肯定能挖掘出不少的故事。不久后，我就被一个印度籍的算命佬带入小房间。他根据我的生日，算出我是星期天出生的，缅甸人将人的出生日依星期分成八天（星期三分早上和中午），分别对应着八种不同的动物，星期天的守护神就是嘉鲁达（Garuda）神兽。“这表示你喜欢旅行，到处跑。”嘉鲁达是印度教的神祇，而八个生肖中也包括了龙、鼠和虎等，这多年前由缅甸高僧创立的生肖系统，足见印度和中国文明对它的影响。

▲ 虔诚的女信徒

算命先生其实是化学系的毕业生，问他为什么会从事算命这行业。“算命就好像化学一样，天时地利人和，就能创造出奇迹，缺一不可。”临走前问他能否算出缅甸的前景，他答“只有天知道”。

佛教由印度和斯里兰卡传入东南亚，就和当地信仰结合，并沾染了些许的迷信色彩。缅甸人都相当迷信，相信天地之间有神灵和魂魄，凡有要事，也会咨询星相师求指点迷津。

电影《以爱之名》（The Lady）中有一场戏，奈温将军找个盲眼婆算命，算出一名女子将给他带来灾难。而这个女人就是多次遭受软禁的昂山素季。根据奈温的传记作者透露，奈温将军共有七个星相师，他就曾经听从星相师的建议，往镜中自己的倒影开枪，这样就能化解星相师所预言的“刺杀”企图。

2011 年初，一众高官，包括当时的最高领导人丹瑞（Than Shwe），在出席一个对全国观众广播的仪式上，竟然都穿着女装龙基出席。这古怪的举动自然引起了缅甸人的热烈讨论，大家普遍认为这是星相师的建议，当预言成真时，预言就不会发生。民间有谣言，应该是星相师向丹瑞预言，一个女子将统治缅甸，而穿上女装，就能化解危机。

▲ 缅甸举国闻名的马哈牟尼佛像

阿瓦 / 也曾浓妆艳抹

曼德勒近郊散落了不少古都，包括缅甸历史上著名的阿瓦古城、阿玛拉布拉及以日落闻名的乌本桥等。或许是受到华人的影响，曼德勒人也比较懂得做生意，表现得十分积极进取，在大街上行走，经常就会遇见揽客的司机。由于这些景点颇为分散，因此不少人采用包车一日游的方式来游览。

阿瓦（Inva），距离曼德勒约 12 公里，是一个被时光遗忘了的地方。车子在伊洛瓦底江畔停下，换上小船，横渡宽阔而平静的河面，上岸后，就有无数的马车夫在等待我们，由于遗址较为分散，因此乘坐马车是游览阿瓦最方便也最浪漫的方法。

达达马蹄声，扬起尘土和惊动了小白鹭的翅羽，马车夫熟练地控制着马车，在逼仄的黄土路上蹬蹬而行，两岸都是绿油油的农田，闷热的缅甸午后，一切静止不动，让人昏昏欲睡。

阿瓦是缅甸 14 世纪中期建立的王朝，维持了近 400 年，之后才迁都至阿玛拉布拉。现在的阿瓦已经很难让人想象曾经有过的风光，没落的都城比繁华都市更容易令人产生各种联想，一入夜，那些历史的孤魂或许才开始夜夜笙歌的日子。

阿瓦依旧保留了不少的寺庙、佛塔和皇宫遗址。但午后的它更像永远沉溺在午觉中，只有旅人来访时，才稍微醒过来，用那些残垣破壁来提醒他们，自己也有过浓妆艳抹的风华。

▲ 昔日王城阿瓦的风光

▲ 乘马车以慢节奏来游览阿瓦

建造于1834年，外表简朴的宝迦雅迦江僧院（Bagaya Kyaung）是一栋深藏不露的木结构寺庙，脱鞋走入寺庙，只见267根结实的柚木柱子支撑着高高的屋顶，黑黝黝光滑的柱子，最大的一根长达18米，柱子上还保留了精美的孔雀和莲花的图腾。这寺庙被认为是缅甸古代建筑及雕刻的代表作。

寺庙内十分幽暗，让一切显得更为古老。角落里传来一阵阵小孩琅琅的读书声，我循着声音的方向走去。原来寺庙的其中一个角落为一间小教室，低矮的几排桌子，挤满了五六岁的孩童，由僧侣负责授课。在贫困的乡下，教育程度最高也最受人尊重的往往是僧人，他们经常扮演着小区的精神领袖，或负担起教育下一代的责任。

缅甸虽然是全世界最贫穷和落后的国家之一，但根据联合国的统计数据显示缅甸的识字率高达90%。其教育系统源于英国殖民地时代，只是课本和教育方式等似乎已经过时。虽然学费不算高昂，但是大部分的家庭还是无法让孩子上学，因此在缅甸的茶室和街头，比其他地区更经常看见提早结束了童年的孩童。

几个小孩共享着一本看起来年代久远的课本，被翻得残缺不全身首异处，但小孩还是认真地学习，无视游客的存在，寺庙内没有任何灯光，孩子们却依旧心无旁骛地学习着。

▲ 虽然学费不算高昂，但是缅甸大部分的家庭还是无法让孩子上学。

乌本桥 / 全球最美日落

我们在黄昏前抵达约有200年历史的乌本桥（U Bein's Bridge），停车场已经停满了旅游大巴，一车车的游客打扰了这个小村子应有的宁静。我们一下车，船夫们一拥而上，努力兜售着自己的服务，但和其他的东南亚地区比较，缅甸人还保留了一些难得的羞涩，攻势不会过于猛烈，没有像苍蝇一样黏着你不放。我们谈好满意的价格，决定通过桥步行到对岸，再乘船回来，由不同角度和速度来瞧瞧这座全世界最长的柚木桥。

全长1200米的乌本桥在黄昏时特别的上镜，桥上桥下已经布满了摄影大师和他们的镜头，尽情地捕捉日常生活。养鸭人家划着船赶着一群群的鸭子回笼，妇女挑着扁担回家烧饭去，缅甸情侣在桥上喁喁私语……乌本桥也有“爱情桥”之称，携着手走一回，爱情就像桥下的柚木一样不易腐朽。为了抵御风浪，桥的中部有个转角，并设计了亭子，体现了造桥者的智慧。

虽然这几年来乌本桥多了不少游客，但当地居民似乎视若无睹，以该干什么就干什么的方式继续生活。这一点，让我更喜欢缅甸。它还不懂得为游客搔首弄姿，至今依然素面朝天的天真朴素，在已经被游客攻占的东南亚显得更为难得。

▲ 乌本桥多了不少游客，但当地居民似乎视若无睹，以该干什么就干什么的方式继续生活。这一点，让我更喜欢缅甸。

▲ 乘着船能由另一个角度来看乌本桥

TIPS

曼德勒是缅甸最后一个王朝贡榜王朝的皇都，也是 19 世纪英国占领缅甸前最后的首都。位居缅甸中央，也是中部铁路、水路、航空的枢纽，曼德勒现在是缅甸第二大城市及宗教文化中心。曼德勒及周边的景点收取 10 美元的套票。

景点

曼德勒山（Mandalay Hill）

不少人喜欢在黄昏前登上海拔 230 米的曼德勒山，徒步大约 45 分钟就能在山顶上看见曼德勒的全景。根据当地传说，佛陀也曾经来过这里，并预言一个伟大的城市将在山脚下诞生，也就是现在的曼德勒，因此曼德勒山对缅甸人来说也是重要的朝圣地。

曼德勒皇宫（Mya Nan San Kyaw）

位于曼德勒古城正中央，是缅甸最后的皇宫。皇宫在战乱时全部烧毁，只剩下城墙、城门和护城河，皇宫后来虽然经过重建，但做工还是蛮粗糙的。宫殿的博物馆内存有皇族的马车及各种皇室用品，可以让人了解当时皇族的生活。

明根佛塔（Mingun Paya）

距离曼德勒约 10 公里。著名的明根佛塔高 50 米，佛塔中间还有一条地震留下来的裂缝，十分壮观。始建于 1790 年，佛塔拟建 160 米高，但一直没有完成，就成了世界最大的砖石废墟。不远的善必美佛塔（Hsinbyume Padoga），全白的造型，加上波浪形的塔座细节，让它异常的上镜。

住宿

尼龙饭店（Nylon Hotel）

曼德勒颇受欢迎的背包客旅馆，客房陈设普通，但双人房 20 美元的价格十分实惠，地点便利，周遭有不少同类旅馆，吃住行都方便。

地址：Corner of 25th & 83rd Street, Mandalay

电话：+95-2-33460

红运河饭店（Hotel by the Red Canal）

只有 25 间客房的时尚精品旅店，是曼德勒较高档的饭店之一，设有泳池等设施，客房设计低调地融合了缅甸元素，双人房价格约 150 美元。

网址：www.hotelredcanal.com

邮箱：nylon@mandalay.net.mm

京华旅馆（Hotel Royal）

位于八十街靠近曼德勒皇宫的西南角，是当地最新的旅馆之一，双人房价格约 40 美元，房内还备有计算机和无线上网等。由于曼德勒有不少华侨，所以也有很多由华人经营的小宾馆，不少聚集在市中心，只要认出汉字招牌就能找到。

地址：80th Street, Mandalay

交通

由仰光飞往曼德勒机票为 100 美元，曼德勒和仰光之间也有铁路，喜欢搭火车的旅人多了一个选择，但大多数人还是选择搭长途汽车。

Chapter 5

船行伊洛瓦底江

Ayeyarwady River

@ 伊洛瓦底江

水路 / 任意挥霍的时光

▲ 夕阳下的伊洛瓦底江

第二次去蒲甘（Bagan），选择了搭乘轮船，由曼德勒沿着伊洛瓦底江南下。我们被告知行程需要 10 小时，或许更长，一切说不准，旅行社的工作人员若无其事地说。

在这里，没人敢保证时间，如果你锲而不舍地要求具体时间，那等于跟自己过不去，毕竟这个国家停摆了那么长的时间。我瞥见了旅行社的时钟是慢了一刻钟的，也就释怀了。此次行程唯一能确定的是沿途会有风景。那不就足够了吗？

通过水路抵达蒲甘，能任意挥霍时光，是一种让人感觉豪华的体验。缅甸式的不精准，其实让我有点兴奋，如果这发生在逼仄而动弹不得的汽车上，我会十分在意，但船行如摇篮，两岸又有无限风光，就算延误，也可以被当成美丽的延误。时间若能浪费在看风景晒太阳无所事事上，总比应付案头无数的“死线”有价值得多，让人觉得浪费也是值得的。

清晨 6 点，昨晚谈好价格的司机早已经在饭店门外等候，快步而识趣地接过我们的行李。缅甸的生活节奏虽然缓慢，但当地人手脚还是蛮利落的。年轻的司机已经有三个孩子了，他微笑着说，生活并不容易。因为接触不少游客，司机能说流利的英语，能微笑而丝毫不抱怨地说出“生活并不容易”。其实真的并不容易。

码头也早已经醒过来了，老榕树上栖息的雀鸟被轮船的汽笛所惊动，天空随即羽翅乱飞，浊黄的伊洛瓦底江轻轻无声地流淌着，岸边有人用最原始的方式来洗衣，也不忘挥手和我们说再见。难以想象在这座相对繁华的缅甸都市，当地人依旧过着乡村般的生活。

船上有不少通风开放式的休息空间，乘客大部分是老外，当地人都会选择速度更快价格更便宜的汽车去蒲甘吧。几个年轻的法国旅行者已经占据了船头的好位置，涂上防晒霜，拿出书，准备好好烤烤。

来自法国南部的 Pascal 在东南亚已经浪荡了快半年，两个星期前决定到缅甸走走，在法国的家人听到他说要去缅甸都极不放心。“其实只有来到这里，才会发现由法国媒体上认识的缅甸，和眼前的缅甸不一样。”所谓邪恶的政权、血腥的暴力冲突，一般不会对旅行者造成困扰。“媒体上不会报道这里的平民百姓，直到来了缅甸之后，才发现缅甸人是那么的热情，但缅甸的热情和泰国截然不同，这里人真心对你好。”

去缅甸旅行，对政治敏感的欧美旅行者来说，已经是一种不正确的行为。这样的讨论可以占据国际媒体的巨大版面，作者得小心翼翼地处理对这个国度的赞扬，避免让一些读者对号入座，认为他们已经向所谓的邪恶势力妥协，或助长“独裁者”的气焰等。

▲ 游船会经过不少的城镇

一些人认为去缅甸旅行就等于给军人政府增加收入，因此旅游指南上还特别提醒读者哪些饭店或旅游设施等有政府背景，让自由行的旅人能明智地作出选择。昂山素季领导的全国民主联盟曾呼吁国际社会制裁缅甸不要来缅甸旅行，然而现在态度似乎也软化了，鼓励外国人到缅甸来但不要参加旅行团。

去不去缅甸，这进退两难的问题，对我这种政治冷感的人来说并不重要。我只想看看这个国家是否正如一些媒体所言，那么的“可怕和邪恶”。如果是真的，为什么去过缅甸的旅人都对这个封闭的国家竖起大拇指？

西方施压，东方式的反应未必是妥协，可能采用更为消极的做法，最终的受害者还是当地人。虽然去缅甸未必能给它带来更美好的未来，但不去缅甸，对当地政府而言，也未必会构成毁灭性的威胁。你不和我玩，我还怕没有其他朋友吗？于是中国、泰国和新加坡等，成了缅甸最大的投资国。

旅游，虽是个人行为，但这行为自然会对异地环境和文化造成冲击与影响。到缅甸旅行，我会更花心思地安排自己的旅行方式，尽量找些新开张的旅游指南上还没介绍的旅馆；不要回到相同的餐馆，就算那里的食物是多么的美味；每天买矿泉水时也挑选不同的商铺；坐三轮车和出租车，而不采用包车，即使包车也尽量选择不同的司机，这样更多人能获得生意。个人的力量是微薄的，但点点烛光也能温暖最深邃的黑夜。

实皆山 / 历史比曼德勒久远

伊洛瓦底江（英文原称 Irrawaddy River，现称 Ayeyarwady River）发源自西藏察隅地区，在云南，伊洛瓦底江被称为“独龙江”，来到缅甸境内，就已经是一条成熟且宽广的大江，由南至北全长约 2173 公里，一路汩汩而流到缅甸南部的三角洲地区，丰沛着两岸，滋润着庄稼。

在梵文中，“伊洛瓦底”为“大象”之意，念出来像是唱歌一样。蜿蜒的河流像一双大手轻轻地搁满了大地的丰饶，是河，就应该有这样动听的名字。或许很久很久以前，会有一群群的野象到江边戏水吧。

伊江被誉为缅甸的母亲河，缅甸不少皇朝都定都于江的沿岸，船驶离曼德勒不远后，就来到了 20 公里处的实皆（Sagaing），可见到满山佛塔的实皆山，一座座白色、金色的佛塔散落在延绵的山脊上，据说有 600 座。历史比曼德勒还久远的实皆，在 14 世纪时曾是短暂的掸邦王朝所在地，现在就剩下那些不朽的佛塔了。

实皆山的佛塔 ▶

▲ 船一靠岸，就会有无数人涌到船边讨生活。

村庄 / 岸边聚拢的缅甸妇女

船偶尔在不知名的小村庄靠岸。岸边聚拢着几栋简陋的茅草屋，弱不禁风地为一户户的人家提供最简单却实在的庇护。村子没有码头，船员用早准备好的木板搭起一座临时的桥梁，让乘客上下船。原本在榕树下乘凉的一群缅甸妇女突然被惊醒了，一窝蜂地连跑带跳拥到船前，水几乎都要淹到她们的胸前，她们抬着高高的一双双的手，满满是香蕉、饼干等食品。她们的销售方式十分直接而自信，指着客人引起注意后，也不管你要不要，就径直把香蕉等抛到你手中，然后再用手指来谈价格，没有被接到的食物就掉进水里，扑通一声好像是失望的声音。

客人进行一轮又一轮的讨价还价，达成协定后，再把钱丢回去。钱随着风飘落水中，妇女宛若抢食的鱼儿一样，欢天喜地地拿到了钱。一来一往间，买家和卖家各获所需。这一幕还是令人心酸。

我尽量压抑廉价的同情心，至少她们并没有大方伸手要钱。记得在缅甸北部更贫穷的若开州旅行时，当地导游在拜访乡村时，就先买好一大袋的糖果，到了村子就随意派送给当地小孩，每一个获得糖果的小孩，脸上都绽开了如花的笑容。如果不是我们的到来，他们就不会有免费糖果。当时我心里想这会不会助长当地人讨乞的心理，会不会让他们觉得收获可以如此简单？在一个每时每刻要提升自己，相信弱肉强食物竞天择就是天理的社会中长大，我所拥有的都是通过自身努力而获得的，坚信天下没有不劳而获，会不会对一切不公所有不幸视而不见，削减了自己的同情心？我虽然并不认同随意给别人礼物，但似乎无可否认的，他们一天最快乐的时刻，可能就是获得糖果的这一刻吧。

TIPS

一般人选择由曼德勒乘船顺流南下蒲甘，沿途的景色优美，也很悠闲，几乎每天早上都有船开往蒲甘，黄昏时抵达，刚好能看见江边日落。船票为 40 美元，在曼德勒的客栈和旅行社都能轻易买到船票。船上也设有餐厅，供应简餐、饮料等，价格都不算昂贵，但建议你备好一些干粮和水果等。虽然船上配有座位，但大部分的人还是选择坐在通风的甲板上看风景。

▲ 表情天真的当地人　Cookie/摄

Chapter 6

蒲甘，尊贵苏醒

MANDALAY REGION

@ 曼德勒省

日出 / 任何人都不会错过

▲ 佛塔上用手机拍摄的僧侣

在漆黑中醒过来，隔壁房间的客人早已经在洗漱了。在蒲甘不能睡到日上三竿。毋庸置疑，这里收藏了东南亚最华美的日出，任何人都不应该错过。指南也用一种近乎警告的语气说。

想去缅甸，很大原因是因为蒲甘，因为这里的日出和日落。记得曾经看过一张蒲甘的日落照片，那种古典的华丽光泽永远记住了，就此播下了旅行的种子。

马可·波罗或许并没有来过蒲甘，但 1298 年发表的游记形容蒲甘是全世界最精致的景点之一。到了今天，虽然我们所见的只是当年的一抹余晖，但这个威尼斯旅行家的赞言一点都不过时。蒲甘是全世界为数不多，你依旧能由百年前的文字来对照今日模样然后发现改变不大的地方。

出发时天际已经沾染了一抹抹的橙黄，慢慢慢慢正要晕开。静谧的佛塔，一幢幢的黑色剪影，线条优美轮廓分明，有种见惯无常人间的淡定。

日落的蒲甘佛塔群

蒲甘王朝 / 落寞而华丽的背影

位于缅甸中部平原，西临伊洛瓦底江，蒲甘的植被有点类似非洲草原，在被灼伤的土地上，一座座让阳光沥干了水分的佛塔散落于干旱的大地上。根据最新的点算，占地约 25 平方公里的蒲甘遗址共有约 4000 座佛塔及寺庙，大大小小，高高低低，一些华丽，一些简朴，一些依旧伫立，一些已坍塌不成形，都一路旖旎了千年。如果到缅甸只能去一个目的地，很多人会毫不犹豫选择蒲甘。

对缅甸人来说，隶属曼德勒省的蒲甘有很重要的历史意义，让他们引以为傲。它是缅族人在富饶的伊洛瓦底江边建立的第一个缅甸王朝，遗址内还保留了部分的城墙和城门。蒲甘王朝建立于 849 年，到了 1044 年，阿努律陀国王（Aniruddha）登基，击败了孟族，信仰了佛教，也统一了缅甸。通过开展多项水利灌溉工程，当时蒲甘的稻米一年能收成两次，蒲甘也因此进入了鼎盛时期，到了 12 世纪末，蒲甘王朝所统治的区域就和现在缅甸版图差不多，当时它可是东南亚最繁华、生活水平最高的城市，和不远的吴哥王朝称霸东南亚，也吸引了各民族前来淘金，当地出土的碑文上就记录有印度人、中国人、孟族、高棉、僧伽罗人及傣族等的足迹，蒲甘甚至取代了斯里兰卡的地位，成为东南亚上座部佛教的中心，当时的蒲甘就有超过 2000 座的禅修院。

虔诚的国王以上座部佛教为国教，一个接一个进行了多项的建筑计划，拼了命地建造建造再建造，华丽华丽再华丽，美和伟大就这样日渐形成。国王一声令下，砍下的树木都用来喂砖窑，才烧出火红色的砖块，再铺叠成信仰的种种姿势，单是一座 Dhammayangyi Pahto 就用了 600 万块砖头。

或许过分地投入是衰败的开始，而灿烂总得归于平淡，正如历史上任何一个奢华的王朝。关于蒲甘的衰亡，众说纷纭，一个更直接的理由无疑是元朝忽必烈的入侵。内患外忧造成了蒲甘的陨落，一个王朝就剩下落寞而华丽的背影，并成了今天伟大的遗址。

无论何时，蒲甘都令人难以忘怀。
日出或日落总能吸引无数人登上佛塔，
静静地对着眼前的美景。

佛塔 / 遗城气魄

一辆辆的吉普车、马车、脚踏车浩浩荡荡地往同样的方向前进，掀起了千年的滚滚尘土。清晨和傍晚或许才是蒲甘的交通高峰期，遗址内一些较高的佛塔也成了游客观看日出和日落的据点。

佛塔上的梯级十分陡峭，我们拾级而上，也不忘一直回头看，怕错过日出的任何一刻，到达顶层平台时已经人满为患了。

正值蒲甘的旱季，天空没有半朵流浪的云，几个热气球冉冉升起，为干净的天空带来一点动静。爬上最高处，才看清楚风景，满地的佛塔及寺庙，像一盘下了一半的棋局，散落一地。阳光慢慢镀在这块多难的土地上。僧侣们对着佛塔诵经磕头，念念有词，旅人们则用相机来膜拜眼前一切，各得所需。

在蒲甘最辉煌的时期，共有超过一万座的佛塔。我们今天所见的只是当年的一小部分，用木材搭建的皇城及民居自然早已消失。历史也曾记载，当时的国王为了阻止忽必烈的入侵，就拆掉了一千多座佛塔以筑城墙。20 世纪初，西方探险家，其实也是盗贼，剥下精致的壁画，拿走生动的雕像，现在它们都安放在柏林的博物馆里。而 1975 年的一场地震，更是震垮不少庙宇。

蒲甘，是很难不让人感到震撼的，就像初见吴哥窟一样，在那么古老的年代里，究竟需要一种怎样的力量和魄力，才能成就眼前的伟大？然而，所有的伟大，都似乎弱不经风，一阵风徐徐吹过，谁还能站稳脚步？

直到每一座佛塔被阳光点燃起来，游客才愿意收拾起惊叹。蒲甘的一天，就像昨天和明天一样，尊贵地醒了过来。

▲ 镀上阳光的佛塔令人感觉祥和

▼ 蒲甘的佛塔在清晨中醒来

蒲甘，是很难不让人感到震撼的，就像初见吴哥窟一样，在那么古老的年代里，究竟需要一种怎样的力量和魄力，才能成就眼前的伟大？然而，所有的伟大，都似乎弱不经风，一阵风徐徐吹过，谁还能站稳脚步？

自行车 / 邂逅佛的低眉浅笑

在旅馆租了一辆自行车，打算换一个速度和角度看看蒲甘，也为了和这块土地有更亲密的接触。古迹范围内有几条铺设完好的道路，专为游客大巴而设，十分好走，只要看得懂简单地图，要找到主要的佛塔并不困难。不过其实迷路也无所谓。

骑着车，驾驭着风，快慢自如，操控着随心所欲的速度，最令人惬意。2 月，已经是蒲甘最凉爽的季节了，但太阳一露脸，蒲甘就被放在煎锅上，散发出袅袅热气。矮矮的灌木细碎的叶片，沾染了尘土和黄沙，病恹恹地活着。和吴哥窟苍莽蓊郁的热带气息比较，干巴巴的蒲甘更显得死气沉沉，好像永远在午觉中，不想醒过来。

每一条岔路的尽头就是雄伟的佛塔，一辆辆的旅游大巴在佛塔前吐出了惊叹不已的游客。

走入岔路，就会迷路，但总会遇见一些当地人，在寂静的土地上踽踽独行，也不知道他们从哪里来要往哪里去，却在最不应该出现的地方出现，及时给你一个安心的微笑。其实就一个当地人的浅浅微笑，往往就让你和这块陌生的土地有了联系——这里还有人，你并没有迷路。

沧桑的蒲甘佛塔见证了多少风光和没落的岁月 ▶

我已经看过它的伟大，也被金碧辉煌刺痛了眼睛，今天打算去找不知名的佛塔，不翻指南不看地图，只凭自己的直觉乱闯。于是我拐入一条看似人迹罕至的沙路，一路和细沙搏斗，一路前行。不久后，我就被一组荒废的佛塔包围，四下无人。

谁是这些佛塔的建造者？历史遗忘了大部分的人，只剩下他们的功绩。缅甸人相信建造佛塔是积德的一种善行，当地报章也常刊登领导人为佛塔奠基的“新闻”。蒲甘有无数雄伟而漂亮的佛塔，但我更喜欢那些不知名的，它们隐藏在灌木中，似乎由土地里长出来，荒凉中有着“总有一天，会有人经过此处”的表情。我把自行车停靠在一边，找个有阴影的位置，无所事事。

风，静止不动。也只有这些让人遗忘无人问津的佛塔，才能令人感受到蒲甘华丽而苍凉的姿态。

一些无名的小佛塔，其实都已经过修复，坍塌扶正，杂草拔除，砖石依旧新鲜，似乎昨天才由窑里烧出来，尚未能沾染上岁月的沧桑这种东西。和第一次来蒲甘的经验比较，它越来越新了，过去很多只剩下地基的佛塔，也已朽木逢春，重新长出端庄和优美的线条，然而由于做工颇为粗糙，不堪细看，对古迹修复有洁癖的人自然看不过眼。然而在佛教盛行的地方，当地人认为修庙筑塔就是一种善行，在闽南地带那些有几百年历史的古庙，也是不断地翻新翻新再翻新，对信徒而言那并没有什么不妥，“修旧如旧”对虔诚的缅甸人来说或许是一个来自外星的概念。然而为了推广旅游业，当地政府甚至在保护区内建造了一个华丽仿古的瞭望台，其庸俗的造型，破坏了蒲甘的天际线，因此备受西方的批评。

看似朴实无华，其实深藏不露，蒲甘的精彩在于全貌，也在于每一个佛塔总有让你惊叹的地方。无论多小多不起眼的佛塔都供奉着佛祖，无论外面多炎热，一走入佛塔就是另外一个季节，邂逅佛的低眉浅笑，人也心平气和起来。你信佛吗？一个缅甸人问我。在这里，我信。

其中不少佛塔和藏经阁还布满了宗教壁画，也能一窥几百年前的蒲甘生活，历经了数百年，这些壁画色泽依旧鲜丽，却霉斑点点，都是时间路过的痕迹。

这些生动的壁画让你有理由相信在这块土地上，应该还有着画师的后代。缅甸的旅游区总能看见画廊，大多由画家自产自销，即使在没有网络的喵乌竟也能发现画廊。蒲甘著名的寺庙外也经常会有画家兜售作品，5 美元一幅的价格还能容许一点讨价还价的空间，我用 10 美元买了两幅带有童趣的彩画，觉得自己似乎有点亏待了作画的人。画里布满了各种各样的动物，凶猛的温顺的，都在同一天空下和睦共处，这就是缅甸，卖画的人说。我似乎听到弦外之音。

▲ 蒲甘的佛塔也有不少值得用心玩味的细节

▲素人画师的酒瓶画，画师对自己的作品十分满意。

当代艺术 / 过于正常的不正常

缅甸的当代艺术在东南亚算是独树一帜，由于长期闭关锁国加上西方制裁，让当代艺术发展停滞不前。由于鲜有受到外界的干扰，缅甸的新艺术有种落后的美感。世界各地的艺术家早摒弃的现代写实主义、印象派等画风，依旧能在缅甸落地生根，也有画廊老板指出，缅甸当代艺术中大量的鲜红色，能视为一种个人情绪的出口。

当代艺术是生活的照妖镜，但在政治的高压统治下，加上画家面向的客人大部分是游客，所以缅甸艺术家所刻画的当代生活，不外是僧侣、佛塔或名胜古迹。在西方颇受追捧的几个当代缅甸画家，都以僧人和宗教为题材，人物表情生动，但画作的背景却低调处理，画中人也没有疲惫控诉的表情，丝毫看不见贫穷和困难。或许正是这种过于正常的正常才表达了缅甸社会的不正常。

过去的禁忌现在成了卖点，缅甸开放后，越来越多的艺术家勇于试水，尝试新技巧和题材。过去偷偷画的，现在都能光明正大地摆卖。在蒲甘娘乌的餐馆一条街上闲逛，我马上就留意到一家小画廊，门口挂着一个个色彩鲜丽的瓶中画，画着政治人物及国际巨星等。我想买个昂山素季的瓶中画，但店里没人，估计店主在附近串门子。在缅甸就经常会走入这些无人看管的商店，这是一个还有信任的社会，旅游指南里是这样描写的，当一个缅甸人气急败坏追着你的时候，十之八九不是要向你讨东西，而是将你遗失的东西归还给你。看了一会，主人才气喘吁吁地跑了过来，似乎有街坊通知他，有游客对他的作品感兴趣。这名为 Yaw Na Than 的画家就画了三个昂山素季的瓶中画，其中一个写着：you are my mother。画家说，这个画得最满意的可是非卖品，素季，她会喜欢的。

历史悠久的蒲甘，漆器也十分有名，
纯手工制作的工艺品颇受游客的欢迎。

马车夫 / 清贫的乐天人生

把我们载到一千年前的古塔，Miu Miu 说，你们可以进去参观，我在门口等。由古塔走出来，Miu Miu 在马车上静静地睡着了，我们早就觉察到他的倦意，虽然他还是尽量掩饰。不忍心叫醒他，到附近的田地走走，没有上学的小孩手中拿着各样的纪念品向我们兜售。

Miu Miu 的家不远，就在山里，他指着一座山，山那里也有这样的田地和一样的小孩吧。Miu Miu 说下次到蒲甘来一定要带我们回家。而他自己，虽然才在 2 小时车程外的旅游区工作，却很少回家。家，靠近而遥远。Miu Miu 是旅馆介绍的马车夫，才 23 岁，却已经换了五份工作，年龄比我小，工作阅历却和我不相上下。7 年前，如同大部分缅甸小孩一般，离开了五年的小学教育后直接升上社会大学。第一份是到茶店打工，第二份工作在餐厅端菜。三年前当了马车夫，英文也是从游客身上一点一滴学的。

“两年前，叔叔刚好买了一辆新马车，需要一个马车夫。他提供我衣食住行，我则帮他工作，我就答应下来。这份工作能让我和游客接触，学更多英语，将来可能比较有出息。”Miu Miu 一边控制了马车的方向，一边和我们闲聊。

“其实缅甸现在好很多了，坦白说，虽然我们的经济无法和很多国家比较，但其实日子并没有外人想象中的那么苦。”大学生和异议分子的要求，他搞不懂，政治都是复杂的，哪里都一样。“我们老百姓只在乎能不能吃饱，过去一些人会向西方呼吁不要到缅甸来玩，结果受苦的还不是我们？”

当马车夫的日子虽然不算辛苦，但是工作时间很长。每天早上 5 点起床，喂食马匹、打扫马车，然后就出发招揽生意，如果没有生意，傍晚就能休息；若有游客，通常得工作到他们看完日落。回家后，还要再喂马、打扫马车，忙到晚上 12 点才能休息。但是他说没有关系，他还年轻，就得努力点。他家里还有六个兄弟姐妹，衣食住行都得自己挣回来。

▲ 哒哒的马蹄声敲响了蒲甘的酣梦

除了由旅馆提供生意，Miu Miu 也会到大街上的茶座招揽游客。每年 12 月至翌年 2 月，天气干爽清凉，是旅游旺季，生意也会特别好。6 ~ 7 月的雨季，由于下雨不方便骑自行车，所以游客也会“投靠”马车，同样也是 Miu Miu 的旺季。但是下雨天工作可惨，全身又湿又冷，地上满是泥泞。

马车是叔叔的，所有的收入都得交给他，他的酬劳以旅客给的小费为主。他的梦想是拥有属于自己的马车，因为这样就不用看别人脸色，能自己赚钱。然而一辆马车并不是一个便宜而容易的梦想，一匹马售价 400 美元，柚木马车 300 美元，再加上高昂的“马车证”，对他而言简直是天文数字。Miu Miu 的木匠父亲，工作一天的薪水才不过 1 美元呢。但随着缅甸的开放，游客激增，让 Miu Miu 看见了一丝曙光，有时候遇见阔绰的游客，一天能赚得几十元美金的小费，达达沉重的马蹄声，现在听起来也显得轻盈愉快了不少呢。

TIPS

想象几千座佛塔散落于平原上，你就大概能感受到蒲甘的魅力。东南亚有三大佛教遗址，柬埔寨的吴哥窟、印度尼西亚的佛罗浮屠都已经举世闻名，但由于西方的制裁加上多年来纷乱不断，同样名列三大佛教遗址的蒲甘，知名度可谓最低，但其实一点也不逊色。

蒲甘的门票为 10 美元。

老蒲甘景点

阿南达佛塔（Ananda Pahto）

50 米高的镀金塔顶，让这座寺庙成了蒲甘的明星建筑，自然也吸引了最多的游客和纪念品小贩。阿南达佛塔建造于 1090～1105 年间，造型对称的寺庙共有东西南北四个入口，分别设有四个站立式佛像。走在佛寺的庭院则能欣赏到建筑的细节，包括外墙上漂亮的琉璃瓦等。

达比纽佛塔（Thatbyinnyu Pahto）

建于 1144 年，高 63 米的达比纽佛塔是蒲甘最高的佛塔，白色方形的塔身加上镀金塔顶，造型和体形均十分抢眼。

乌帕利寺（Upali Thein）

这个毫不起眼的建筑建造于 13 世纪，原为受戒堂，建筑内部的墙壁都画上了精彩的壁画。持有钥匙的守门人就在附近睡午觉，能帮你开门，但会收取些许小费。

瑞山都佛塔（Shwesandaw Paya）

这是蒲甘观赏日落最受欢迎的佛塔，类似金字塔层层递进到最高层的平台，攀上这栋佛塔就能看见蒲甘全景。这佛塔意为“金色圣发”，相传这佛塔底下就埋着佛陀的发丝。

达玛雅吉佛塔（Dhammayangyi Pahto）

建造于12世纪的达玛雅吉佛塔是蒲甘的巨无霸，站在蒲甘的任何角度都不会错过它。佛塔的建造者是蒲甘的暴君，弑父杀兄，甚至为了进行宗教仪式而牺牲了妻子。这佛塔对缅甸人来说充满了罪恶，因此佛塔内外荒芜一片，未经整修，气氛诡异。

苏拉玛尼佛塔（Sulamani Pahto）

这是蒲甘最漂亮的一座佛塔，佛塔上的砖石艺术被誉为蒲甘佛塔中的最佳。佛塔内也有不少精致的装饰细节，包括华丽的壁画等，值得细细浏览。

娘乌景点

瑞西贡佛塔（Shwezigon Paya）

这佛塔位于娘乌镇的西边，收藏了一个约4米高的铜塑佛像，铸造于1102年，里面同时供奉了缅甸的37个守护神（Nat）。佛教传入缅甸时就和当地的原始宗教结合，至今缅甸人依旧相信天地万物间都有神灵，这些神灵包括动物、亡灵等。这个造型优美的佛塔建造于1090年，其设计影响了后来缅甸佛塔的造型。

特纳卡博物馆（Thanakha Museum）

特纳卡是缅甸人天然的防晒霜，这个小小的博物馆展示了特纳卡树与其历史。博物馆内还能买到不少特纳卡的产品。

住宿

蒲甘共有三处落脚处，位于码头附近的娘乌是背包客的首选，这里聚集了很多廉价旅馆和餐馆，很有背包客的氛围。佛塔集中的老蒲甘，住宿多为中高档，日落后较为安静。位于老城区南边约4公里的新城区也设有不少住宿，还有不少优质餐馆和精品店，这里的住宿比较新，中档的选择比较多。

娘乌：新公园饭店（New Park Hotel）

娘乌廉价旅馆中最受欢迎的一家，房间干净空间阔落，还设有面对花园的小阳台等。双人房价格约40美元。

网址：www.newparkmyanmar.com

新蒲甘：蓝鸟饭店（Blue Bird）

位于新蒲甘。Blue Bird 的客房设计带有低调的缅甸风格，十分时尚，服务员态度友善。饭店也设有泳池。双人房价约 60 美元。

网址：www.bluebirdbagan.com

老蒲甘：泰拉巴之门饭店（Hotel@Tharabar Gate）

走入这家饭店，就宛若置身于热带丛林当中，九重葛长得肆意，木地板房间配上木家具，营造了低调的缅甸色彩。开价有点高昂，但也经常会进行促销活动。

网址：www.tharabargate.com

餐厅

娘乌的餐馆选择最多，主要的大街上有不少能提供无线上网的餐馆，深受背包客的欢迎，晚上一些餐馆还会免费上演缅甸提线木偶戏以吸引游客。

韵味 2 （Aroma2）

能尝到颇为地道的印度菜肴，菜单上有不少的咖喱选择，老板还很自信地打着“不好吃不收钱”的旗帜。

地址：YarKinn Thar Hotel Road, Bagan

黑竹餐厅（Black Bamboo）

由法国人经营，有个漂亮的庭院，想吃西餐的话可以到这个隐秘的角落来。

地址：Yar Thin Thar Street, Bagan, Myanmar

爱动物餐厅（Be Kind to Animals）

位于老蒲甘阿南达佛塔和泰拉巴之门饭店附近，提供不错的素食，坐在九重葛下品尝缅甸素食是打发炎热中午的最佳选择。素食餐厅隔壁的 Scoopy 则供应不错的咖啡、雪糕和糕点等，老板是法国人，口味地道。

地址：Old Bagan, north of Ananda Temple, Bagan, Myanmar

游蒲甘的几个方法

马车

乘马车游蒲甘是最浪漫的游览方式，仿佛回到千年前的生活方式，熟悉蒲甘的马车夫会帮你安排行程，一天约 12 美元，可坐四人，分担费用，其实十分划算。蒲甘的旅馆都能帮你找到马车夫。

脚踏车

旅馆都会出租脚踏车，一天约 1 美元，但是由于蒲甘内多是未铺水泥的沙路，布满碎石，踩单车需要一点信心和毅力。

租车

一天费用包含司机小费约 30 美元。

热气球

提供 45 分钟的飞越蒲甘之旅，热气球只在游客旺季的每年 10 月至次年 3 月运营，约 300 美元的价格还包含了起飞前的小点心和降落后的香槟等。一定要记得提早预订。

网址：www.balloonsoverbagan.com

交通

曼德勒、仰光和茵莱湖都有班机前往蒲甘，但大部分的人还是选择搭长途汽车前往。曼德勒到蒲甘还可选择轮船（30 美元，10 小时），汽车是 10 美元，8 小时。由仰光到蒲甘汽车是 20 美元，12 小时。

购物

在缅甸，蒲甘的漆器很有名，大街小巷都能看见售卖漆器的精品店，由于当地盛产竹子和漆树，因此当地的漆器工艺特别的蓬勃。如果你对漆器感兴趣，还能参观当地的漆器工厂。

Chapter 7

彬鸟伦，
漫看闲住英式老房子

Mandalay Region

@ 曼德勒省

山站 / 复刻维多利亚时代

小卡车只有两排长凳子，凳子间摆满了乘客的行李，行李上也坐着人：一个牙齿掉光了却一直面带微笑的老太太，抱着婴儿无时无刻不喂奶的年轻妈妈，几个衣着朴素的中年男子，还有一脸祥和的僧侣，酒红色的袈裟让局促的空间多了一抹赏心悦目的色彩。这小卡车外的台阶还站着三个人，帮忙把一捆捆的竹席放在车顶。

车快出发了，我们带着“还坐得下吗”的表情被催促上了车，搭客们挤了挤就神奇地腾出了一些空间。再挤一点，就有位子了。或许这是缅甸式的生活哲学，我们坚守着自己得来不易的空间，也不容许别人来侵占它们，但在一个物资匮乏的社会里，或许你才能领会“挤一点就有位子了”的处事态度。

车子开始沿着山路攀爬，空气变得清爽起来，树才是树，不再只是城市里积尘的装饰品，曼德勒的乌烟瘴气被远远抛开了。距离曼德勒 2 小时车程，70 公里外、同属曼德勒省的彬乌伦（Pyin Oo Lwin），是个设于英属印度时期的山站，19 世纪末英国人将铁路延伸到这个宁静的小山村，彬乌伦就成了英国人的避暑山庄，当曼德勒成了大火炉，英国人就跑到这里办公，因此殖民政府夏季的行政中心就位于彬乌伦。小镇上保留了无数的欧式建筑，一些是政府大楼，一些则是住宿用的花园洋房，还有不少尖塔直插云霄的教堂等。不小心眨眼，确实会以为自己来到一个欧洲小镇。

西方殖民者怕热，来到亚洲就拼命建造避暑山庄。马来西亚、印度和越南等都保留了大量的山站（Hill Station，这是多么富有殖民地色彩的词语）。现在他们都走了，带不走的老房子，静悄悄地提醒旅人这里曾经有过的岁月。这些欧式洋楼轻易地被后来的统治者视为耻辱的象征，因此大部分都没有好好地保存下来。旅游业兴起后，人们才渐渐意识到这些老房子的“好处”，纷纷改造成各种旅游设施。

◀ 小镇的教堂
▶ 镇上的清真寺

KANE
ENGINEERING
HOME MAKER
Hi Fi

▲ 小马车依旧是彬坞伦常见的交通工具

眉苗 / 乔治·奥韦尔的后花园

▲ 当地盛产新鲜的牛奶

人们只愿意记得他们愿意记住的，对于不光彩的过去，就抹杀。英殖时代，彬乌伦（Pyin Oo Lwin）叫做“眉苗”（Maymyo），意为 May Town，以一英国上校 May 命名。缅甸于 20 世纪 80 年代末兴起了全国性的改名运动，把英国人取的地名一一更换成更具有缅甸色彩的名字，于是 Burma 成了 Myanmar，Yangon 其实就是 Rangoon，虽然 Myanmar 更符合当地人的发音，而缅甸也不止有缅族（缅族 Burman 为缅甸第一大种族）。改了名，所有前朝记忆也都成了无根的浮萍，渐渐让人遗忘。

正如乔治·奥韦尔著名小说《一九八四》里的名言：“谁掌握过去，谁就掌握现在；谁掌握现在，谁就掌握未来。”然而无法和过去好好相处的人，注定也是一个悲哀的人。因为他总是被过去所干扰，以致他的现在也不会走得轻松自在。缅甸的过去和现在，其实也有不少的共通点。这次旅行，我带着《在缅甸寻找乔治·奥韦尔》，作者埃玛·拉金在亚洲生活了很长时间，懂得缅甸语，通过寻访乔治·奥韦尔在缅甸的足迹，写了一本反映缅甸实况的游记。奥韦尔不只为缅甸写了一部小说，而是三部：《缅甸岁月》、《动物农庄》和《一九八四》。由反殖到反极权，这三本小说都反映了缅甸的过去和现在。《动物农庄》和《一九八四》虽然都写于军人政府掌权之前，但书里的情节和军人统治下的缅甸之间有不少的相似点。

曾经在缅甸担任五年帝国警察的乔治·奥韦尔，对缅甸怀有浓厚的情感，他临终前写的小说《一则吸烟室的故事》，也以缅甸作为题材。在缅甸的书店里也能轻易地找到乔治·奥韦尔的《缅甸岁月》，但《动物农庄》和《一九八四》这些讽刺集权主义的作品则缺席。《在缅甸寻找乔治·奥韦尔》书里引用了一个文学爱好者的话，说缅甸人其实不用去阅读禁书《动物农庄》和《一九八四》，因为书里的情节已经是他们生活的真实写照。

奥韦尔曾经在彬坞伦小住过，并接受短期的训练。现在彬坞伦依旧是缅甸军官的营地，因此在茶室或咖啡馆里到处可见短发精悍的缅甸军人，看来缅甸军人也懂得挑选好地方。

奥韦尔在曼德勒生活期间，就经常由曼德勒搭乘火车来到彬坞伦，并形容那是一个怪异的经验："你由一个典型的东方城市出发，灼人的太阳、蒙尘的棕榈、鱼和大蒜的臭味、成群的黑脸人，你如此熟悉它们，因此它们总随着你旅行。心理上，你还在曼德勒，当列车停靠在海拔 1000 米的眉苗（彬坞伦），踏出车厢，你踏入了另外一个世界。突然你呼吸到了另外一个世界的清凉的英国空气，身边尽是绿草、蕨菜、冷杉和粉红脸颊的村妇售卖着草莓。"对于奥韦尔来说，彬坞伦的趣味就在于它让人感觉不像是在缅甸，而是自己熟悉并思念的家乡，去眉苗就像回家，就能把一切看不过眼的人事物忘得一干二净。

奥韦尔早期作品《缅甸岁月》刻画了一群经常混在英国人俱乐部里的统治阶层表面风光却十分无聊的生活，他们靠着阅读过期的英国期刊让自己远离眼前的现实。瞧不起殖民统治却又无能为力的男主角，最后唯有饮枪自尽。看清了殖民统治者的真面目，人在江湖身不由己，奥韦尔也曾经对当地人施以暴力，《缅甸岁月》算是一部为自己赎罪的忏悔录。纠结的人，纠结的故事，让《缅甸岁月》成了反殖民主义的经典作品之一。也有人指出，缅甸的军政府其实和过去的英国殖民者有相似之处，同样蔑视老百姓，根据从前殖民政府订立的镇法和村法，要求人民进行免费劳动，这些法律授以村镇领导或警察权力，强迫村民们进行各种义务工作，缅甸不少的道路和基础设施就是靠这些人修筑起来的。

▲ 化缘的僧侣随处可见

老房子 / 安静等待第二春

这样的地方没什么事情可做，没必看的景点，或必尝的美食。没太多事情可做的地方，其实往往才是度假休闲的好去处。我们包了一辆小马车，让司机带着我们逛逛这座小镇，看看小镇保留下来的老房子和教堂。小巧的木头车厢，画上各种花卉图案，很有田园风格，一切仿佛回到了维多利亚时代。

彬乌伦的过去依旧困扰着当地人，不少残旧的老房子被当地人称为鬼屋，如果能稍微加点想象，也能感受到 20 世纪初彬乌伦的面貌，穿戴拘谨的绅士淑女，背后围着一群黝黑的缅甸仆人，他们一边咒骂着缅甸的气候和蚊子，一边享受着高人一等的待遇。

由于彬乌伦的温润气候，逐渐吸引了不少中产缅甸人前来游览，不少曼德勒的富人买下了当地的老房子，并装修成度假山庄，但还有更多的老房子被闲置，在安静地等待第二春。当地不少老房子也改造成小旅馆，其中坎达克雷格饭店（Candacraig Hotel）原是英国人俱乐部，类似英国乡村风格的木结构建筑，长满了爬墙虎，还有一个修剪整齐的小花园，可惜饭店只有八间房，我们预订晚了，早已客满，不然我们的维多利亚式体验就会更完美了。

植物园内的人工湖养着不少天鹅和水鸭 ▶
由老别墅改造成的富有怀旧气息的旅馆 ▶

TIPS

虽然你能于曼德勒一天来回，并参观完彬乌伦的主要景点，但建议你逗留一晚，入住由殖民地老房子改造而成的饭店，尝尝当地盛产的草莓，呼吸一下彬乌伦清新的空气。

彬乌伦很小，镇中心步行即可，地标为建造于1936年的普塞尔（Purcell）钟塔。

景点

国家植物园（National Kandawgyi Gardens）

位于彬乌伦以南约1.5公里处的高山镇（Alpine Town），创立于1915年，植物园里有将近500种的植物，占地约435亩，四季常青，百花争艳。走进公园，在凳子上闲坐，逗逗池子里的天鹅和水鸭，也是一件颇为惬意的事。5美元的门票还可使用游泳池、参观兰花馆和蝴蝶馆等。公园中有一造型独特的塔楼，登上顶层能眺望整个公园的风景。

住宿

廉价的住宿大多设于镇中心，中高档的饭店则位于镇中心的外围。不少殖民地时期建造的老房子都已经改造成旅店。

皇家园景饭店（Royal Park View Hotel）

双人房价格约50美元，不少房型设有阳台，面对着绿意盎然的花园，客房干净舒适，也设有无线上网。

网址：www.pyinoolwin.info/RoyalParkView.htm

阿勒姆皇宫饭店（Aureum Palace）

在缅甸各地开设了多家精品旅店，其中位于彬乌伦的 Governor’s Suite 改造自殖民时期总督的老房子，经过精心的修复，成了彬乌伦最顶级的住店。

网址：www.aureumpalacehotel.com

餐厅

露台俱乐部 Club Terrace

彬乌伦有不少由老房子改造成的餐馆，露台俱乐部位于一栋英式传统的别墅里。可让住宿前台帮你订位，老板还会开车接送，除了缅餐之外，还有泰餐供选择，餐馆也能品尝到缅甸产的葡萄酒，人均消费约 10 美元。

地址：25 Club Road | Quarter No. 5, Pyin Oo Lwin

电话：+95-85-22612

触感餐厅 Feel Restaurant

是当地设计得较为漂亮的餐馆，提供多种西餐和日本料理的选择，设有露天的位置，餐馆还有 Wifi 上网。

地址：Kan Taw Lay, Kan Park Street, Nandar Road, Pyin Oo Lwin

电话：+95-85-22083

交通

由曼德勒每天有无数的小巴前往彬乌伦，价格约 3 美元。也可以选择搭火车前往彬乌伦，但班次极少，还经常误点。

Chapter 8

拿坡里海滩，
自在境界

THANDWE, RAKHINE STATE

@ 若开邦谭德威

若开山脉 / 阻断陆行旅人

我想去海边。旅社里戴着眼镜，一脸小大人模样，会讲几句中文的小女生说距离仰光不远有两处沙滩。她指着墙壁上挂着的缅甸地图——仓达海滩（Chaung Tha），那是仰光人度假的地方，人少，水比较清，要6小时才能抵达。说得头头是道的。

“你去过了吗？”

女孩笑着说：“没有。”

“但很多房客去过，他们说的。”

缅甸人极少旅行，我在茶室里遇见一名大学生，他的旅行其实就是往来3小时外的乡下和仰光。“有那么一天，我也会像你们一样去看世界吧！”语气中不确定，因为对他而言，目前担忧的还有比旅行更切身的问题。

我指着地图西北部长达数百公里的海岸线，面对着印度洋和与孟加拉国接壤的若开邦（Rakhine State），贴着海岸线是深褐色的若开山脉，也是若开邦天然的屏蔽，导致当地的陆路交通十分不方便。我马上买了第二天出发的机票，那里应该有我想寻找的沙滩。

清晨6点，准备把我接到机场的司机，一如既往地提早了10分钟抵达住处。

“先生，去哪里呢？”

“机场，去拿坡里海滩（Ngapali Beach）。”

“那里很漂亮呢。”

“你去过吗？”

“没有，在电视上看过，和仰光很不一样呢。”司机笑着用羡慕的语气说。他最遥远的旅行是大金塔，而且也是因为载游客去的。

“我们没什么钱，去不起旅行。”我看见后照镜上的小挂饰，迷你的大金塔随着坑坑洼洼的路面摇晃着。大多数缅甸人对外界的认识都是通过电视。在缅甸，电视还是奢侈品。

飞机准时由仰光起飞，这趟飞往若开邦的班机将在早上9点抵达拿坡里，卸下一部分旅人后将继程前往若开邦的首府实兑市（Sittwe）。机上多是西方游客，已经换上了轻松去海边的装扮，手里拿着通俗小说，去海边应该看的读物。

飞机没坐满，我挑好了位置，缅甸国内的航班都不划位，乘客登机能自行找好位置。邻座是一个表情严肃，身着墨绿色军装的军人。我对缅甸军人没什么好感，但其实他显得彬彬有礼，站起来，让我走入靠窗的位置。

铁鸟沿着海岸线飞行，海洋被晒得泛白，褐黄色的大地交叉纵横着一条条的河流。海上有小小的渔船，因为高度感受不到船的颠簸，过去我只知道这一带有可怕的台风，会带来噩梦。

▶ 当地的消费依旧低廉，能享受到新鲜海鲜。

▼ 拿坡里的蔚蓝海岸

无人海滩 /
东南亚收藏得最好的秘密

拿坡里海滩，名字来自意大利的南部城市拿坡里（Napoli），没有人知道为什么这片长达 3 公里的沙滩得取个富有异国情调的名字。

飞机在颇为无趣的小镇谭德威（Thandwe）降落，机场离沙滩约 7 公里。一下飞机，进入机场大厅，外国人都得进行简单的登记，重新办理入境手续。问面无表情的官员们为什么。答：为了保障游客的安全。他诡异地笑了笑。我无法由那笑容中解读出什么来。

那究竟是怎样的地方？指南上已经发出警告：在每年 11 月至次年 3 月的旅游旺季前往拿坡里，记得提早预订住宿。昨晚在仰光拼命打电话，指南上推荐的度假村都已满了，只有一家评价颇差的度假村还剩下一个房间，而且只能入住一晚。你要还是不要？电话另一头断断续续的声音比我还要心急。

我想在拿坡里逗留多几天，带着不知道后天会不会露宿沙滩的顾虑，我先订下这 50 美元的房间。指南是 2012 年出版的，才几个月就涨价了。我试图讨价还价，但发现自己处于下风。好好好，我要。你一定要来啊，那声音依旧在试探着我的诚意。

我很习惯东南亚的沙滩，往往还没出发，我就大概能猜想到那会有怎样的温度和气氛。过去我在新加坡工作的时候，一放假就收拾好简单行李，投奔蔚蓝海岸和阳光，后来我渐渐不去那样的沙滩了，它们大同小异，售卖着老外最喜欢的盗版光盘、香蕉奶昔、煎饼，闹哄哄的酒吧醉醺醺的老外、永远人满为患的餐馆，和因为旅游业发达而没收了笑容的当地人。我无法否认它们都是漂亮的好玩的，但随着旅行阅历的丰富，我渐渐觉得，它们不是我要寻找的沙滩。

简朴的沙滩小别墅，让人感觉悠闲和惬意。

▲ 来一场沙滩足球

坐上旅店派来的车子，约15分钟的车程，就抵达拿坡里海滩上的住处。拿坡里有十来家的度假村，一般条件都不错，设有空调房和餐馆等，来这里度假的大多是老外和缅甸的中产阶级。

放下行李后，躺在阳台的躺椅上，无所事事地看着海，这似乎是来拿坡里唯一应该做的事。最好的房间都有面对着蔚蓝海洋的阳台，在躺椅上椰影下看书，不小心就会给浪涛声催眠，轻轻潜入梦乡。

拿坡里海滩的美和与世隔绝有关，由于交通不便，大部分的游客只好选择飞行，高昂的机票及住宿消费，让背包客望而却步，所以这沙滩还保有了难得的清闲，不如泰国、峇里岛一些沙滩那么热闹得乱七八糟。这片长达3公里的沙滩经常被形容为东南亚收藏得最好的秘密。沙滩长而宽广，尽是细细白沙蔚蓝海水，一排排的椰树在风中摇头摆脑，阳光，丰沛的阳光，让一切显得生龙活虎，九重葛长出一簇簇的茂密。沙滩上的好位置都让漂亮的度假村占据，还好度假村的密度并不高，但这只是拿坡里短暂的宿命，一些空地开始动工，拿坡里正如缅甸，绝对有能力变成另外一个泰国。我庆幸自己能在尚未让游客大军攻占的时候来到这里。

▲ 来到这里就应该什么都不干，看书晒太阳才是王道。

CLASSIC

渔村 / 渔民和艺术家的世界

一条和沙滩平行的公路，将几个村庄连接起来。沙滩北边有个小渔村，尚未典当给旅游业作“人质”，他们依旧过着打鱼补网晒鱼干的生活。我利用当地交通工具在这条路上来回跑，司机一般都收取和当地人一样的费用。有次一辆载满货物的车子在我面前停下，我想到 3 公里外的一个地方吃饭，司机听明白了，刚好顺路示意我上车，下车时也没收我钱。

我经常去光顾沙滩上的美景餐馆，餐馆位于一废弃坍塌的码头上，涨潮时如一座孤岛，食客得涉水而过，添加了不少抵达的乐趣和野趣。我挑个面对印度洋的位置，点了烤龙虾等海鲜大餐，一顿丰富的午餐才不过 10 美元。眺望一望无际的大洋，大洋的尽头是什么？应该还是一群群的小岛和围绕着它们的蔚蓝，然而当地人看见的大洋，其实就是生活，不会有那么多的闲情逸致。

沙滩上有一些流动小贩，头顶着一篮热带水果，袅袅婷婷的，沙滩就如他们的天桥。我要了一个椰子，价格 1000 缅甸元，也不用还价，那妇女接过钱，用英语说着：“Lucky Money！”然后吻了吻钱，她脸上的皱纹也都笑开了。临走时再送我几个柑，那可能是她今天的第一笔生意，所以特别开心，人其实可以那么容易满足。

除了餐馆、度假别墅外，沙滩也有不少的画廊，缅甸人似乎很热爱艺术，主要的旅游目的地都能轻易看见画廊。在闲逛时就遇见一个当地艺术家，店里摆卖着一幅昂山素季的油画肖像，依旧是那可以温柔也可以坚强的神情。“过去我们也只能偷偷画偷偷卖，现在可以光明正大了。希望缅甸的开放能带来多点游客，你看，我们有那么美的沙滩。”艺术家说。

可不是吗？眼前的夕阳渐渐西沉，海面上镶着一道道的潋滟波光，渔夫归航，孩童踢球，星星醒了，夜幕降临。

3000

▶ 鱼干是当地特产，烤龙虾大餐则不可错过。

◀ 画家希望缅甸的开放能给他带来更多的生意

TIPS

位于缅甸西北部的若开邦，明星景点是拿坡里海滩和历史古迹妙乌。由于地理因素，交通不便，游客一般以飞机进入若开邦，加上近来发生严重的种族流血事件，更令旅行者为之却步，但拿坡里沙滩似乎不受影响。

阳光沙滩是拿坡里的卖点，这里的碧海尚未被大批游客践踏，不少人在这里找到了1970年代泰国沙滩的感觉。在拿坡里还可以进行浮潜等活动，但大多数的人选择到这里晒晒太阳无所事事。

住宿

住宿主要集中在长约 3 公里的拿坡里沙滩。位于北边的林札村（Lin Tha Village）附近也有不少民宿，价格较为便宜，游客也比较少，但交通较为不便。

愉悦景度假村（Pleasant View Resort）

不到 30 间房，位于沙滩醒目的位置，面海的房间十分抢手，房间和度假村也设计得较为时尚简洁。

网址：www.pvrngapali.com

餐厅

当地盛产海鲜，以烧烤为主，价格也十分实惠。

愉悦景小岛餐厅（Pleasant View Islet BBQ Restaurant）

风景绝佳，也是黄昏时看日落的好地方，涨潮时需要涉水而过。

网址：www.pvrngapali.com

Htay Htay’s Kitchen

供应海鲜和当地美食的家庭式餐馆，还设有一家纪念品精品店。

地址：Thandwe Linthar Street，Ngapali

交通

由仰光可搭乘班机飞往谭德威（Thandwe），再由此到拿坡里沙滩大约 7 公里，旅馆都会派车接送。由仰光也能搭 20 小时的长途汽车前往拿坡里，但是路况十分差。

Chapter 9

不造作的实兑

RAKHINE STATE

@ 若开邦

种族问题 / 像定时炸弹一触即发

晒了一身古铜，我满意地再往北飞，目的地是若开邦的首府实兑市。

若开邦是令缅甸政府头痛的省份之一，种族问题像定时炸弹一触即发。缅甸是一个多元种族的国家，处于主导位置的缅族占了约7成的人口，大多居住于富饶的中部平原和三角洲地区，生活条件也相对优越。殖民时期的英国政府采用了分而治之的政策来统治缅甸，少数民族相对拥有自治的空间。自缅甸脱离英国统治之后，少数民族就和以缅族为主的缅甸政府产生了不少摩擦和矛盾，现在成了令中央政府头痛的问题。2012年5月，若开邦还爆发了佛教徒和伊斯兰教徒之间的流血冲突，造成严重的伤亡和后果。若开邦有为数不少的穆斯林，大部分来自孟加拉国，虽然已经在缅甸境内生活多年，但一直被缅甸人视为非法移民，认为他们侵占了缅甸的土地。开放以来，缅甸政府除了要解决民生政治问题之外，还要处理少数民族的纠纷和情绪等。佛教推崇慈悲和宽容，但缅甸的近代史发生了不少流血事件，以暴制暴以牙还牙，军人如何对待手无寸铁的群众，而群众也自然会采取暴力来对待更弱势的族群。

◀ 当地有不少的孟加拉人

▶ 谭德威的生活场景

▲ 缅甸的街头永远有各种各样的活力

鱼市 / 游客钟爱的摄影题材

在英属印度时期，实兑曾经是一个颇为重要的城市，因此小城里保留了不少富有殖民地色彩的建筑，当地的旅游景点都是一些生活化的场所，让人能一窥更真实的缅甸日子。市中心的鱼市场每天早上由印度洋运来新鲜的鱼获，摊在市场的地上，有点杂乱和邋遢，但却是活生生的不造作的生活。鱼贩们激烈的讨价还价、抽着雪茄的缅甸大叔大婶、市场内各种各样的海产品、忙着搬运海鲜的工人等，都成了游客们热爱的摄影题材。我在这里遇见乌敏，他坚持要请我喝咖啡，这个当地的英语老师打算做一些小生意，问了我关于外界的各种情况，在信息封闭的缅甸，外国人其实就是一部移动的新闻台。

问他实兑还有什么好玩的，他极力推荐我去若开邦文化博物馆（Rakhine State Cultural Museum），就位于市中心一栋殖民地老房子里。一定要去，他强调，若开人对自身文化有很强烈的自豪感，他们依旧是阿拉坎族（Arakanese，现称若开族）的后代，他们的祖先曾经在这里建立了强盛的王朝。现在若开邦也成了中国和印度的较场，因显著的地理位置，两大国都积极在此建设港口、道路设施和输油管道等，由中国承建的港口等基础设施建成后，货物就能通过若开邦经云南送往中国内地，不需要再绕道马六甲海峡。

TIPS

作为若开邦的首府，港口城市实兑是一座惬意的小城市，城市保留了不少殖民地时期的楼房。由此进入妙乌需要7小时的船程，因此大部分的游客都会在实兑过境，住上一晚。

实兑离孟加拉国不远，这里同时生活了不少的伊斯兰教徒，因此除了佛塔之外，也能看见清真寺。实兑不时发生宗教族群的纷争，甚至酿成严重的流血事件。

住宿

实兑的住宿和餐馆大多位于主街（Main Road）上，其中较受欢迎的包括：

水札净饭店（Shwe Thazin Hotel）

地址：No. 250, Main Road | Kyae Bin Gyi Quarter, Sittwe

名贵饭店（Noble Hotel）

地址：No 45, Main Road, Mawleik Quarter, Sittwe

米亚宾馆（Mya Guest House）

地址：51/6 Bowdhi Street,
Sittwe | A côté du marché central, Sittwe

餐厅

吉斯帕纳迪餐厅（Gisspanadi Restaurant）

离主街不远，供应价廉物美的海鲜小炒等，颇受当地人的欢迎。

地址：Set Yone Su street, Sittwe

交通

缅甸西北部不少区域不对外国人开放，因此只能通过飞机抵达实兑。航班会因雨季的影响而减少。

Chapter 10

妙乌，
灿烂归于平淡

RAKHINE STATE

@ 若开邦

若开王朝 / 最后的都城

我在实兑市这里包船进入被誉为蒲甘第二、同时是若开王朝最后都城的妙乌（Mrauk U）。若开王朝于1430年定都于此，一路统治了若开地区将近400年，直到定都于曼德勒的贡榜王朝将它歼灭，并将若开纳入缅甸的版图内，甚至将其珍贵的马哈牟尼佛像搬到曼德勒供奉。英国人在1826年吞并了若开邦，首府也由妙乌搬迁到实兑。

在宽广如海的加勒丹河（Kaladan）得坐7小时的船才能抵达妙乌，需要舟车劳顿或许才能把风景好好地收藏起来。加勒丹河水丰沛，两岸尽是庄稼，一路总能遇见热情的缅甸人主动向你挥手问好。

7小时后，我结束了自己想象的微服出巡。登上简陋的码头，一脸憨厚的三轮车夫马上盯上我说，一千缅元，去哪里都行。一路上，他不断充当导游，为我介绍沿途的风景、餐馆和住宿等，不断地想推销一家新旅馆。

我根据指南的推荐来到一个家庭旅馆，十分简陋的住店，狭小幽暗的房间，墙上癌细胞扩散一样的长着霉菌，散发着一股难闻的味道。尽信书不如无书，司机把我送到他推荐的新旅店，就在同一条路上，尚未被热带阳光侵袭的油漆透露了是一家新开张的旅店。

▲ 当地人的日子过得十分悠闲，妙乌有最原汁原味的缅甸 Style。

消遣 / 和旅馆老板一起去露天 party

东南亚的旅行已经时时让我提高警惕，特别是在火车站、码头遇见的带路人，他们为了赚取回扣，往往将游客引导到一些更贵、条件却更差的住店。但来到缅甸，这个旅游业相当落后的国家，或许应该调整这种偏见。虽然缅甸也有掮客，但他们似乎较为真诚和识趣。

老板是个 30 岁左右的若开族人，一脸不会说谎的淳朴模样，懂一点足以简单沟通的英语。“晚上有 party，要不要一起去？”我说不准几点钟回来，但对老板所谓的 party 很感兴趣，在一个随时会断电没有网络的小地方，会举办怎样的 party？后来我还是和老板去了 party，近 11 点钟的广场，依旧挤满了人，到处是售卖零食宵夜的小摊子。我和老板静静坐在人群的外围，被蒸花生烤玉米的香气熏着，温柔的缅甸语唱着的应该是最简单的爱情，其中有个多口相声的节目，台上的表演经常逗得缅甸人哈哈大笑。缅甸人喜欢听笑话，把吃牢饭当成家常便饭的胡子兄弟（The Moustache Brothers）经常调侃政府，曾经说过一个著名的段子——他牙痛时特别去泰国找牙医，牙医问他：缅甸没有牙医吗？他告诉牙医：缅甸不准开口。我的缅语只足够应付谢谢和再见，他的英语也仅限于一些你要咖啡还是奶茶，住多少晚。我们没什么对话，我觉得并没什么不妥，也觉得很舒服。文明是陌生人和陌生人之间的交往，你如何对待一个素未谋面的人，决定你身上文明的厚度。

没什么游客的妙乌能让你独享风景

妙乌佛塔 / 佛光遍照生活场

租了自行车，我开始探索妙乌附近的佛塔。占地约 50 平方公里内，妙乌散落了无数大大小小的寺庙和佛塔。这一带丘陵较多，水源丰沛，虽然佛塔的数量比蒲甘少，但整个遗址的画面比蒲甘平原更富有层次，不像蒲甘总是干瘪瘪的。

“妙乌”，当地语意为“猴子蛋”，相传一只猴子为了表现自己的诚心，为佛陀贡献了一粒蛋，因此而得名。地名虽然无厘头，但此地也曾拥有一段辉煌时期，是当时亚洲最富裕的城市之一。因优越的地理位置，妙乌自古就和欧洲、中东等国家有贸易往来，寺庙的浮雕上还留下了葡萄牙商人的踪影。敏彬王（Minbin）时代（公元 1531 至 1553 年），妙乌曾经拥有一支近 1 万艘战船的海军，巡逻于孟加拉湾一带，遗址内现存最华丽的寺庙和佛塔都是当时所建造的。

其中最有名的寺庙为八万尊佛像塔（Shittaung Paya），位于一座坡度缓和的山丘上，脱下鞋子，拾级而上，两岸尽是庄严的佛像和慈祥的目光。一道道迷宫似的走道包围着主殿，庙里共有超过八万座佛像，表情各异，也展现了当时高超的手工艺水平。

妙乌的寺庙设计类似城堡，坚固牢靠，正如信徒对佛法的信任。宗教场所总用最好的材料来建造，它们都是为永恒而设计的，当时的民居则采用茅草和木材，因此唯有佛塔保存了下来。

被誉为“蒲甘第二”，但老二名衔对妙乌似乎不太公平。交通更便利的蒲甘的确抢走了不少妙乌的风头，在妙乌，历史遗址的范围内还散落了不少村子，因此更能真实地感受到人和宗教之间的和谐关系，能在几百年前的历史遗址中生活，这绝对也是世界上少见的景象。当地人一打开门就看见佛塔，沐浴于佛光当中，或许这也是为什么当地居民总是一脸祥和表情的原因，在妙乌的五天里，我也没看过有人起争执。

对当地小孩而言，佛塔似乎就是他们的游乐场，总是嘻嘻哈哈过一天。记得为了登上山顶上的一组佛塔，几个孩子抛下了沙地上的追逐，跟在我身后，一个孩子头领路，为我拨开一路长有荆棘的灌木。我由山上俯视着整个妙乌，椰林、河流、远山和佛塔凝固成田园牧歌的景象，怎样也无法想象这里曾经有过的繁华。山顶上的佛塔杂草漫生，供着佛像，佛前是盛放的鲜花，每隔几天都有信徒前来献花。小孩们不想打扰我，在一旁注意着我的动静，我不小心掉了镜头盖，被一个小孩捡到，一个更大的孩子马上要他还给我。我决定下山时，他们马上又主动地开路，下了山，他们也没向我要糖果或铅笔，又回到他们的玩乐中，也不过是在沙地里追追跑跑之类的游戏。我挥手说了再见，要为他们拍照，于是一伙小孩在我的镜头前站得笔直笔直的，更多的小孩由茅草屋里冲出来，不一会，我就被最单纯的笑声和喧闹所包围。

骑车累了，就找个佛塔靠靠，这座佛塔基座还保留了不少彩绘的瓷砖，估计那是欧洲传来的设计风格。佛塔前的广场有年轻人在踢足球，几个僧侣扬起袈裟从我面前经过，我点头向他们示好，僧人回了一个腼腆的微笑。远处传来一阵进球的欢呼声。生活真的可以很简单，在这个没有网络、对外交通十分不便的地方，人却总有办法找到乐子，对生活他们的要求低，要快乐也不会太困难。

妙乌的游客寥寥无几，一年才吸引大约 5000 人。记得在山顶上看妙乌的华美日落时，也只有我一人独享风景。看着炊烟和余晖慢慢为佛塔及椰林剪出迷人身影，一幢一幢一幢一幢，我点算着平野上那些被镶上金边的佛塔，天慢慢泛起了紫蓝色，灿烂归于平淡，夜的袈裟轻轻地覆盖在这块被人遗忘的大地上，时间究竟在这里存在过吗？还是这是一个连时间也不愿打扰的福地？

椰林、河流、远山和佛塔凝固成田园牧歌的景象，怎样也无法想象这里曾经有过的繁华。山顶上的佛塔杂草漫生，供着佛像，佛前是盛放的鲜花，每隔几天都有信徒前来献花。

▲ 妙乌的宗教气息十分浓厚

TIPS

妙乌的照片经常被人误以为是蒲甘，其实这里佛塔的数量不及蒲甘，但由于当地人还居住在历史保留区内，因此整个氛围比蒲甘更为原生态。进入妙乌需要付5美元的门票。

景点

八万尊佛塔（Shittaung Paya）

这是妙乌最有名的佛塔之一，佛塔由若开王朝最著名的国王明彬王于1535年建造，“Shittaung”意为“八万”，指的是佛塔里收藏的超过8万尊神态各异的佛像。佛寺内还保留了不少刻上梵文的石碑和石雕。

都康登佛塔（Dukkanthein Paya）

离八万尊佛塔只有几步之遥的都康登佛塔建造于1571年，佛塔内迷宫一样的走道同样布满了佛像和石雕，并生动地刻画了古代妙乌的日常生活场景。

九万尊佛塔（Kothaung Paya）

这是妙乌最雄伟的佛塔之一，建造于1553年，内藏有约9万尊佛塔和精美的石雕。

住宿

以游客的数量来说，妙乌的房间十分充足，因此你大可先看房间，并比较价格。大多数的旅馆都位于通往码头的主街上。

水札净饭店（Shwe Thazin Hotel）

妙乌区内较为新颖和舒适的旅馆，干净的客房内有些许当地特色风格。

网址：www.shwethazinhotel.com

皇都宾馆（Royal City Guesthouse）

位于码头不远的 Royal City Guesthouse 是妙乌典型的背包客旅馆，双人房价格由 15 美元起至 30 美元，不同房型条件差异大，建议多看几间房再决定，较干净的客房位于主楼对面的新楼里。

网址：www.newpalacehotelsittwe.com/royal-city.htm

餐馆

小镇上有不少小馆子，大多售卖一些炒面之类的简单食品。离皇宫和皇城不远的 Moe Cherry 颇受背包客的欢迎，主食自然又是缅甸咖喱。码头附近也有一排简单的小馆子。

交通

由实兑到妙乌只能搭船，若几人以上可分摊租船较为划算。换算价格约 120 美元，能坐六人。国营的轮船价格十分便宜，约 4 美元，只有每周二和周五有两班船由实兑开往妙乌，由妙乌则周三和周六出发往实兑，这些信息需要到了当地再核实。所需时间大约 7 小时。

Chapter 11

一路往北，
钦邦
CHIN STATE

@ 钦邦

重返 / 英国人的回忆

由妙乌再一路往北，就能抵达钦邦（Chin State）。我和另外几名旅人一起合租一艘长尾船，探索这块较少旅人踏足的区域。泥黄色的河水让眼前一切显得污秽不堪，当地渔民用满满是补丁的帆布撑起一艘扬帆的船，在平缓的河面上漂荡浮沉，看见我们还嘻嘻哈哈地打招呼，根本没意识到我们如何看待他们的家乡。

来自英国的老人说他的父亲曾经派驻缅甸，他在缅甸度过了无忧的童年岁月，当时生活可舒坦了，家里就有几个老实憨厚的缅甸仆人，用来喝红茶的茶壶和瓷杯绘有英国乡村的图案，还是大老远由英国运过来的。现在印象最深刻的就是气候，热热热热热，又热又闷的，事隔多年他重回缅甸，恍如隔世，还是热，到了农村更感觉似曾相识，好像一桌没人动筷的佳肴，放了一天，完好无恙，但其实一切都已经凉了。

钦邦是缅甸最落后和贫穷的地区之一，当地的村庄更为简陋。我们参观了一所当地小学，努力学习的小学生连像样的课本都没有，老师估计是个中学刚毕业的少年，还没足够了解这个世界就要去面对它的残酷，小老师利用黑板和粉笔在幽暗的木板房间内授课，琅琅的读书声让一切显得更为寒酸。

▲ 钦邦是缅甸最为贫困的地区，当地的村庄更为简陋。
▶ 无论哪里都能看见僧侣，这是缅甸的日常风景。

文面老人 / 正在消失的群体

▲ 正在织布的文面老人

农村里依旧生活了为数不多的文面老妇人，最年轻的老人也有65岁了。不远的云南独龙江境内也有一群所剩无几的文面老人，但她们很清楚自己的“价值”，想要拍照先给点钱，据说还明码标价，每次200元人民币。

人们对当地文面的习俗有几种截然不同的说法。在脸上文上蜘蛛网一样的图案，曾被她们视为美；也有人说，由于过去这里经常发生强抢妇女的事件，妇女文了面，变丑了，自然就减少了吸引力。然而我更愿意去相信第一种说法，那更为人性。缅甸政府于1960年禁止了此习俗。

老人们似乎已经很习惯和游客打交道，对着游客兜售纪念品不遗余力。要如何拒绝穷苦的人才让自己看起来不那么绝情？还是我们太自以为是，以为自己能够尽一点绵力改变整个世界？

再过十几年吧，她们就会消失了。这个世界也会渐渐忘记她们的存在。这个世界需要记得的事情太多了。我们太相信一个真理，不能顺应时代的，就必须被淘汰。旅行久了，就会发现这个世界是建立在消失中的，缅甸的逐渐开放，也意味着一切都会改变，一切将会更好，面纱揭开后，被隐藏的眼睛看见了世俗，还能保持纯净吗？对热衷于探索不同的旅人来说，世界会因此更精彩吗？

▲ 再过十几年吧，文面老人就会消失了。这个世界也会渐渐忘记她们的存在。

Chapter 12

佛祖发丝撑起大金石

KYAIKTO，MON STATE

@ 孟邦吉桃镇

火车行／
享受“和铁轨一样长的回忆”

▲ 搭一趟缅甸的火车，
能感受到这个国家的“速度”。

来了缅甸近一个月了，旅行将要结束，都还没有尝试过坐火车——我应该说“恶名昭彰”的火车吗？

火车的慢，或许能给你带来“和铁轨一样长的回忆”。如果有大把的时间挥霍，搭火车绝对是感受缅甸速度最好的方式之一。向住处的服务员咨询关于大金石的火车交通信息，她不解地说：搭巴士好了，又快班次也比较频密，还比较安全，而且价格比火车便宜。但我是来旅行的，并不是节省时间或金钱。

种种理由也抵不过我想尝试在洗衣机里被翻搅的感觉。在蒲甘遇见的英国旅人刻薄地形容缅甸的火车之旅，但这似乎值得体验，反而激发了我搭一趟火车的理由和决心。

位于孟邦（Mon State）吉桃镇区（Kyaikto Township）的大金石（Golden Rock）以及建造于其上的吉谛瑜佛塔（Kyaiktiyo Pagoda），是仰光以南最重要的旅游景点，离仰光约200公里，4小时的车程，它是缅甸人的精神圣地，缅甸最重要的佛教徒朝圣地之一，其实那不过是一块中国俗称的飞来石，摇摇欲坠而稳当地坐在悬崖上。

在孟语里，“Kyaiktiyo”意指隐士头上的佛塔，这已经很形象地描绘出大金石的模样。缅甸共有七个邦和七个省，各邦主要聚集了缅甸的少数民族，孟邦就是缅甸孟族的聚集地。在蒲甘成为首个统一缅甸的王朝前，孟族曾经是缅甸最强大的民族，蒲甘王朝其实由孟族文化中汲取了不少养分和灵感，包括佛塔的建筑方式等皆源自孟族。现在孟族人口占全国人口的2%，生活方式已经几乎和缅族同化了。

大金石的形象，在司机后照镜的挂饰上、在餐馆贴着的海报中、在旅游刊物的封面，到处可见。上次来缅甸已经错过了它，这次我不会放过了，还打算搭火车慢慢靠近。

时代越来越进步，未算发达的国家都已经进入了高铁速度的时代，旅行变得越来越容易掌控，也越来越乏味。我们是幸福的，却也是不幸的，百年前旅游文学中慢吞吞的古典世界早不复存在。旅

行不止能让你飞越空间，还可以穿越时间，一些国家不小心地保留了我们不曾参与或已经失去的过去，因此能体验过去，就算是要放在洗衣机里翻搅，也是值得的吧。这也是为什么不少来到缅甸的泰国或新加坡人会对缅甸感到异常的亲切，好像回到了童年的场景当中，原来过去的回忆已经让别人小心翼翼或毫无意识地收藏下来。

到仰光的铁路部门买票，售票员正要下班，要购买火车票得到火车站去。“你们跟着我，我带你们去吧。”一脸老实的中年人说。我一般对国营的铁路服务员印象不佳，但这里是缅甸，总是不一样的。

仰光的火车站，看起来有一定的年月了，原来的火车站由英国人于1877年建造，后来因为日军的入侵，被英国人在撤退时毁了，现在的火车站建造于1954年缅甸独立不久后。设计结合了缅甸和西方风格，四座塔銮屋顶，让体量颇大的火车站显得更为挺拔，颇有气势，也感受得到新兴国家朝气蓬勃之感。随着公路的发达，缅甸火车铁路也渐渐凋敝，大厅里静悄悄的，两只邋遢的野猫在阴影下打盹，买米粉汤的大婶也倚着发霉的墙壁不小心睡着了。

铁路售票系统似乎尚未计算机化，售票员要我们5点再回去，到时他才会收到划位分配，并在一本超厚而泛黄的本子上认真地一笔一划写下我们的名字，作为预订。外国人购买缅甸火车票必须以美金支付，并且得付出比当地人高出好几倍的价格，因此选择搭火车的老外并不多。

为了节省时间，我们选择了最早的一班车，7:15发车，5小时后抵达，如果一切顺利的话，售票员说。会有什么事情发生呢？最坏的不外是误点。记得在曼德勒遇见一个旅人曾说：“打死我再也不搭缅甸的火车，30小时的delay体验一次就够了。”缅甸绝对不适合心烦气躁的人。

车厢就像一个流动的市场

车厢 / 流动的超市

一踏入火车厢，马上就能感受到缅甸铁路历史之悠久。自英属印度时期开始建设，英国人于 1877 年在缅甸铺设了第一条铁路，由仰光到卑谬（Pyay）。早在一战前的 1914 年，缅甸境内就已经有总长达 2500 公里的铁路网络。然而因为战争、内乱等因素，当前的轨道仅有 5500 公里长，政府也有计划去发展缅甸的铁路网络，而中国也积极地参与当前缅甸铁路的建设。

7:15 的火车，竟然提早 5 分钟就开了，缅甸对待时间的方法，有时候会令人匪夷所思。

火车出发不久后，我们就开始了洗衣机的自动模式。车厢左右晃动，上下颠簸，有时候还会倾斜行驶，身体随着车厢而动，有时候还几乎要被甩出座位。你要坐上了缅甸火车，才能深刻地感受到颠簸的真正含义。

我喜欢火车，喜欢火车的象征，在月台上说再见怎样都比在机场关闸道别离更浪漫。飞机只是由一个地方转换到另外一个地方而已，除了起降时稍微会引起兴奋，大部分时候都是战战兢兢的，在幽闭的空间里动弹不得，如果碰巧坐在靠窗的位置，连上个厕所都要用充满

一列列的火车养活了不少人 ▶

248

▲ 当火车停靠在不知名的小镇时，
就会有人拿着当地特产、美食等上车兜售。

歉意的语气和邻座说对不起。而搭火车的人神情轻松多了，乘客也形形色色，每一个人身上似乎都是一本小说，由他们携带的行李到望着窗外的表情，都能挖掘出一些故事来。窗外满眼皆是油亮亮的绿，一亩亩的稻田、插秧的妇女、埋头吃草的牛群，这些最日常也最琐碎的风景，在我们眼里都显得十分新奇。

缅甸的火车就像个流动的超市，火车上并没有餐车服务，当火车停靠在不知名的小镇时，就会有人拿着当地特产、美食等上车兜售。卖西瓜的大婶，头顶着切好的西瓜，宛若艳丽的头饰，在摇晃中也能婀娜多姿，保住了头上的西瓜。还有小孩，无数的小孩用细瘦的颈部来撑起一箱子的零食，对他而言，琳琅满目的是多么近那么远的诱惑。一条铁路，一列车厢，就是生命流动的盛宴。

不久后，我就发现车上还有其他更卑微的生命——老鼠！这是我那么多年的火车旅行中第一次在火车上看见老鼠，于是兴奋大于恐惧，但大部分的缅甸人似乎无动于衷，呼呼大睡或视而不见。才一只老鼠而已，他们的生活中应该还有更吓人的东西吧。

熊掌摊 / 圣地里的世俗

抵达吉桃镇的火车站，换上小巴，直奔大金石山下的小村落。

大金石的住宿和餐馆大多集中在山脚下的钦榜村（Kinpun）。上下山的汽车在每天下午 6 点左右结束，因此想要感受大金石的日出和日落，就只能住在山上昂贵的旅店。其实山上住宿选择颇多，但一般较为简陋，只接待缅甸人，因此我们决定住在山脚下并在日落前登山。上山的交通其实是露天的大卡车，一根根的长形木板就成了座椅，每个凳子要坐满六人，乘客紧贴着乘客，块头大的外国人宛若困兽一样被重重包围动弹不得，坐满发车，少一个人司机也不走，极度的不舒服。但这对朝圣者们来说根本不算什么，既然是朝圣，哪能过于简单舒适？

车子沿着蜿蜒的山路爬行，45 分钟后到达半山腰，由此还需要徒步大约 45 分钟才能抵达大金石。走不动的人，可以请个挑夫“代脚”。路其实不算难走，一路上还有不少小摊贩，售卖着饮料、纪念品等。其中用竹子制成的枪械最为有趣，这也是我第一次在缅甸看见这样的玩具，似乎和大金石这样神圣的地方不怎样匹配，但是想大金石应该也是一个适合一家大小来朝圣的目的地，或许缅甸的小孩和其他地区的孩子一样，也喜欢玩具枪。

走到半途，突然有人用普通话叫住我：“中国人？”我回了头，小摊子上售卖着各种具有“特异功能”和疗效的草药、昆虫等。“熊掌，要吗？”他由抽屉深处取出一只干巴巴、还带着棕色毛发的掌，颇为吓人。

我问多少钱，他随即拿出一个计算器。“哪里找来的？”我好奇地说。他指着周围的山林。我没等他说价格就走了，不想让他觉得我是潜在的客户。继续走，发现不少摊位都有售卖熊掌的，但摊主都是偷偷摸摸的，看见有欧美人过来，就急急忙忙收起来，只对亚洲人销售。我们应该感到有点羞耻的受宠若惊吧。大金石附近的餐厅还能吃到穿

Game

如果不想走路，能坐着轿子上山看大金石。

山甲、猴子、亚洲熊等，价格一点也不贵，而光顾这些野味的主要是中国人和本地掸邦人，他们也常常杀活蛇来吃。缅甸共有52种毒蛇，为世界之最。这些野味主要来自附近的克伦邦，克伦族是富有经验的猎人。

缅甸境内共有约300种哺乳动物，包括老虎、大象等，科学家近年来不断在缅甸发现新物种及一些已经濒临绝种的动植物。导游告诉我们，由于长年对外封锁加上西方的制裁，所以许多国际动物保护组织无法进入缅甸进行科研工作。自1967年起，缅甸就再也没有进行过全国性的野生动植物调查，若干年前，缅甸还声称境内大约有1000只野生老虎，但根据国外保育组织的估计，目前这数目可能已经少于50。缅甸境内虽然也设有国家公园，但据说因为监管不严加上贫困因素，不少猎人仍能直接进入国家公园和保护区猎杀野生动物。

让人觉得讽刺的是，在如此神圣的大金石，却贩卖着“枪支”和“野生动物”，佛陀不杀生的教诲，可以暂时遗忘。

▲ 沿途售卖的木制玩具枪

▼ 餐馆招牌

巨石佛塔 / 佛法的力量

抵达山顶，在门口付了 6 美金的门票，就进入了大金石的区域。大金石位于广场的末端，正如进入缅甸庙宇，进广场前必须脱鞋。这是当地的佛教传统，也是对佛祖显示敬意，1919 年英国统治期间，就有英国人在进入庙宇前拒绝脱鞋而被僧侣驱逐，当时的住持因此被判处终身监禁，进而引发殖民者和当地人之间的冲突，缅甸人的国家意识也被激发起来。一双鞋事件，显示了当时殖民统治者的霸道和蛮横。

上座部佛教由印度传入缅甸，并逐渐被缅甸人接受，现在的缅甸人大多是虔诚的佛教徒，而当地佛教圣地的起源和历史也都与佛祖有关。11 世纪时的孟族国王，由一名隐士手中接过珍贵的佛陀发丝，隐士希望国王能找到一个和他头颅相似的巨石，将头发埋于巨石下，然后在巨石上建造佛塔，佛塔约 7 米高，就矗立于高约 8 米的巨石上。

大金石位于广场的末端，正如进入缅甸庙宇，进广场前必须脱鞋，这是当地的佛教传统，也是对佛祖表示敬意。据说这块巨大的石头是由发丝撑起的。

▲ 充满了祝福的铃铛

当地佛教徒相信，巨石下埋着的发丝，起着支撑大金石的作用。不可思议，或许更让人相信佛法的无边，当地人甚至认为，谁只要看一眼大金石，就会信仰佛教。因为除了神，谁还有能力让这个摇摇欲坠、悬于1100米的巨大石块屹立不倒呢？我在车上问导游相信大金石吗，经常带海外游人到大金石的导游对我的问题感到十分疑惑，似乎我问了一个蠢问题。“当然啊，为什么要怀疑呢？”有时候就单纯地相信，不也很好，活得更畅快吗？

源源不绝的男信徒们经年累月往大金石上贴上一层层的金箔。800年来，一个可能只有头颅大的石头就变成了圆周长达15米的巨石。缅甸佛教似乎重男轻女，女信徒的地位也较低。女信徒不能为大金石贴上金箔，甚至无法靠近大石头，她们只好围坐在大金石的周围诚心地祷告。在阳光下，整个金石就如一块巨大的金块，在墨绿色的山峦边上延续着一则不老传说。

TIPS

位于仰光以南约200公里的大金石，是缅甸人的精神圣地，不少缅甸人认为一生中总得到大金石朝圣一次，山脚下的钦榜村是大金石的旅游集结中心。

住宿

一抵达钦榜村，客栈老板都会在卡车站拉客，当地住宿双人房约20美元，可选离卡车站近一些的旅馆，较为方便。

西萨饭店（Sea Sar Hotel）

位于钦榜村中心，且刚好在卡车站旁边。

电话：+95-57-60367

潘麦欧客栈（Pann Myo Thu Inn）

地址：Kyaiktyao Pagoda Road，Kinpun

电话：+95-57-60285

交通

由仰光可搭长途汽车直达钦榜村（约10美元，5小时），每天有四班车左右。或搭乘火车前往吉桃（Kyaikto，距离大金石最近的一个城镇），头等座位8美元，5小时，再转卡车前往钦榜村（1美元，15分钟）。由钦榜上到半山腰的大卡车，单程约2美元，由半山腰回到钦榜的末班车时间为18:00，若要看大金石的日落就只能住在山上了。

真。

Chapter 13

昂山素季，
找到自己的季节

AUNG SAN SUU KYI

54 号别墅 / 用和平走出自由

我们刻意让出租车司机经过大学道。54 号是一栋面对着仰光茵雅湖的别墅，白色的围墙特别高，让人看不见里面的动静，只有几株肆意的热带植物越过围墙冒出头来。门口并没有戒备森严的守卫，叠砌的沙包也被站岗的军人遗弃了，显得多余，却依旧能让人感觉到这过去是生人勿进的地方。飘扬的旗子上，有只起飞的孔雀，孔雀是缅甸的吉祥物，那是全国民主联盟的党旗。

54 号是昂山素季的家。她曾多次用悲天悯人的眼神，由重重窗户中望出来，神情凝重地看着她的城市和信徒，坚毅的眼神也是温柔的。她深受甘地思想的影响，相信只有采用非暴力的抗议才能化解各方势力的分歧。她曾经试过绝食，也试过据理力争，更多次呼吁西方社会抵制缅甸，但一切似乎徒劳无功，她多次由这所房子里走出来，又被送回去。她有机会离开缅甸，回到丈夫孩子的怀抱、家庭温暖的港湾，但她选择留下来，因为她清楚，一旦离开缅甸，

▲ 昂山将军的办公室已经改造成漂亮的餐馆

就别指望回来了。她知道，她不能为了自己而放弃她一直坚守的信念，她要以民主让缅甸再次获得独立和自由。娇小的身躯，背负着那么多人的期望，正如他们对她父亲的期许一样，但她总能直挺挺地站着，用一种对抗全世界不公的姿态。

2011 年底，缅甸军政府再次结束了对昂山素季的软禁，随后又释放了不少持不同政见分子，向西方社会发出善意的信号。昂山素季后来在 2012 年 4 月的补选中获胜，顺利进入国会，随即展开了一场亲善的环球之旅，重回母校牛津大学，在伦敦西敏寺等发表演讲，到奥斯陆领取迟到了 21 年的奖项……和各国首脑会面时，她呼吁大家到缅甸投资，并帮助缅甸建立民主自由的国家。最近在接受采访时，她毫无避忌地说："我要当总统。"昂山的自由，象征着人民的自由，因此不少当地人也对缅甸的未来感到乐观，这个夹于印度和中国之间的国家，有显要的地理位置，甚至还有大量未被开发的资源，因此缅甸开放后，突然多了好多的"朋友"。

◀ 宁静的亭子
▶ 缅甸到处都能看见昂山将军和昂山素季的海报

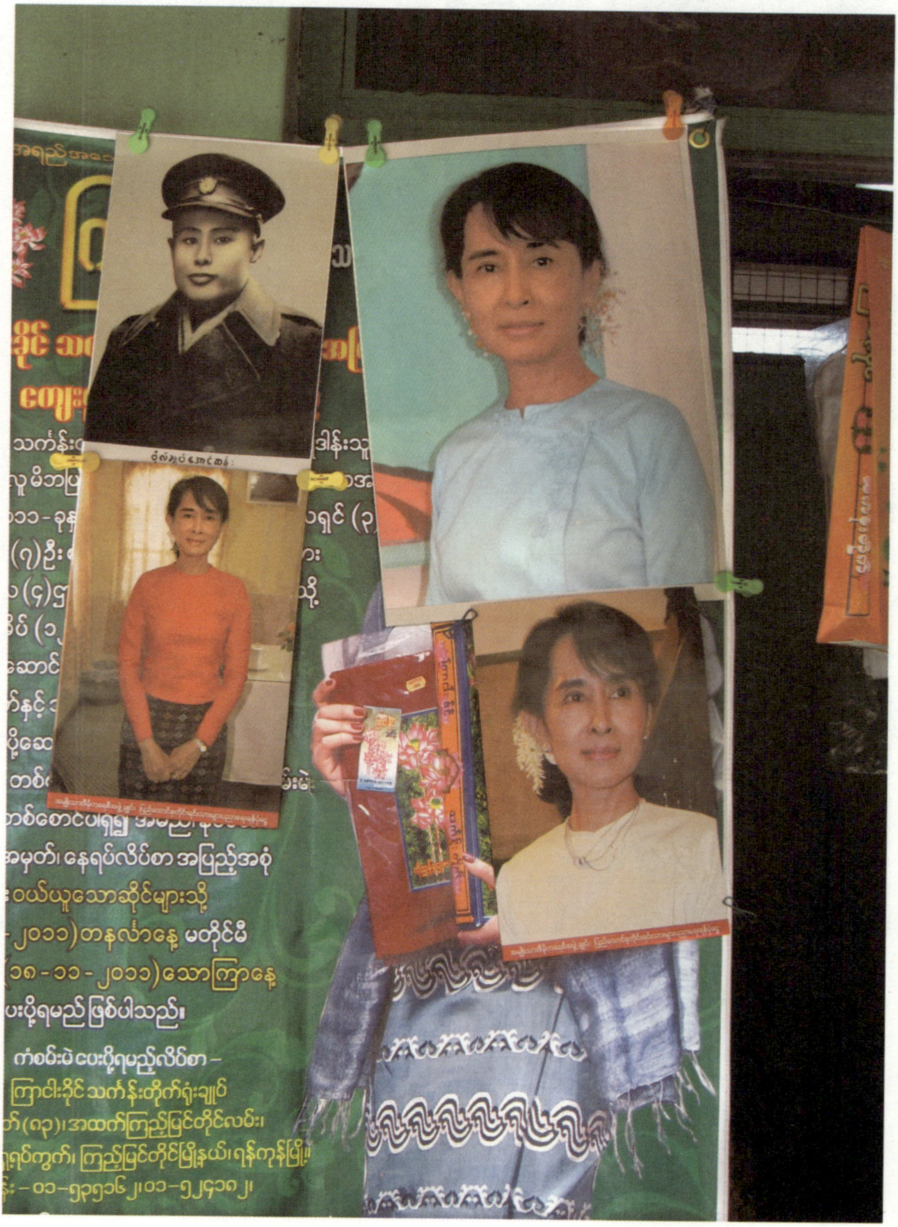

▲ 街头能买到人民偶像的各种海报

街头 / 随处可见“昂山素季”

抵达仰光不久后就看见了昂山素季淡定的微笑，她的画像被挂在街头小贩的颈上，街头也卖着她由年轻到中老年的海报，她甚至成了艺术家创作的灵感，化成油画中的肖像。眼疾手快的生意人还将其头像印在T恤衫上，在街头摆卖。不久前，这样明目张胆地崇拜昂山素季似乎并不可能。

指南曾警告读者，千万不要轻易和缅甸人谈论政治，避免让他们惹祸上身。然而对缅甸政治不甚了解的人来说，话题也只限于昂山素季。正如昂山素季传记作者彼德·波凡姆（Peter Popham）所说：“昂山素季对缅甸的重大贡献在于她推开窗户，让世界看见缅甸，也让缅甸看见外面的世界。”

在缅甸旅行期间，由杨紫琼主演的《以爱之名》（The Lady）正全球热映，虽然口碑似乎一般，但买票入场的观众都是冲着这个诺贝尔和平奖的得主而去的，事后杨紫琼虽然被拒入境缅甸，电影也不可能光明正大在缅甸上映，但在仰光街头却能找到盗版DVD。

在茶室里认识的年轻人侃侃而谈：“大家都相信昂山素季能将我们带到更美好的未来，虽然无论是军政府还是反对党，都似乎尚未提出一些更实际的政策，但开放绝对是第一步，我们现在谈论政治已经没那么恐惧了。”要获得真正的自由，或许就得由恐惧的桎梏中解放出来。在缅甸，大家几乎是一致的推崇昂山素季，但也有少数人对昂山素季不满。“好心做坏事，和军政府对着干，那么多年来，双方之间的不信任只会加深，最后受苦的还不是一般的老百姓？把所有的希望都放在一个人的身上未必是一件好事，希望政府能听见老百姓真正的声音。”其中一老华侨对我说。

使命 / 从牛津主妇到民主斗士

昂山素季就是昂山将军的女儿，备受缅甸人爱戴的昂山将军被奉为“缅甸之父”，他曾负责和英军谈判为缅甸争取独立。昂山素季于 1945 年出生在仰光，是家中老么，那时也是缅甸政治最为动荡的时刻。在缅甸独立前夕，昂山素季 2 岁时，父亲就遭到政治对手的暗杀，14 岁时，昂山素季就随着担任印度大使的母亲到了印度，并在印度接受教育，随后在英国牛津大学完成文学学士学位，并认识了藏文化专家迈克 • 阿里斯（Michael Aris），婚后育有两子。

虽然成长的岁月都在国外度过，但昂山素季从没推卸作为缅甸独立英雄女儿的责任，给迈克写的情书中也提到：如果缅甸的人们需要她，他将有责任支持她。

原本昂山素季可以快快乐乐地当一位牛津主妇，闲时写写文章，向世界各地人们推广缅甸文化。但命运是无法解释清楚的，一些人生下来或许就有了无法逃避的使命。1988 年，缅甸发生了反军人政权的游行示威、军政府镇压致使超过两百人身亡的血腥事件，同年 3 月昂山素季为了照料因中风而瘫痪的母亲回到了阔别几十年的缅甸，亲眼目睹军政府残酷的一面，祖国人民互相残杀，正如迈克在回忆中说：那一刻他就有预感，他们的生活将永远改变了。

回到仰光的昂山素季其实并没有打算从政，而是父亲的老战友们希望昂山素季能站出来领导民主运动，能像她父亲一样再次领导缅甸人民获得第二次的独立。1988 年 8 月，昂山素季在大金塔面对近百万群众首次发表了重要演讲，呼吁人们要团结自律，通过和平的方式来获得成功，并告诉当权者，人们要民主，不能再忽视人们的期望。1990 年，军政府举行了一次全国民主大选，昂山素季领导的全国民族联盟获胜，但军人政府却推翻了选举结果，拒绝交出权力，自此之后，昂山素季就经历了多次的软禁，她的同僚被捕、流亡海外。在软禁期间，她依旧写作、静坐、听广播，用自己的方式和外界保持联系。

全世界的人民都给昂山素季添上各种美誉和光环，民主斗士、缅甸的母亲，等等等等，曾经有记者问昂山素季希望自己如何被人记着，她坚定地说："一个履行了自己责任的人。"

1991 年，昂山素季获得诺贝尔和平奖，并将 130 万美元的奖金用于建立缅甸的教育和医疗基金。这不止提升了昂山素季的国际知名度，也成了一面免死金牌。

昂山素季相信唯有和平的解决方式才能给缅甸带来可持续的自由和民主，以暴制暴表面上看最有效果，但实际上却让自己堕落为与军政府同样的地步。在《自由》一书中，昂山素季就说过："一些人改变因为他们别无选择。当南非的旧政府、拉丁美洲的军事专政进行独裁统治发生变化的时候，他们认识到这些变化不可避免，这是他们所能选择的最好的道路。我所表达的真正改变是通过理解、同情、正义、爱心后的内在变化。"

昂山素季的魅力来自于女性坚韧的温柔，写文章平稳之余也流露了诗意的柔情。看了几本昂山素季的书和自传，也深深被她所打动。她从容不迫的文字，有种温柔的勇气。留下，比离开更需要勇气。缅甸开放后，有记者问她：缅甸的春天来临了吗？她聪明地回答："缅甸没有春季，我们只有旱季和热季，所以我们不期待春天，因为春天总会过去，我们希望人民能找到自己的季节。"

Chapter 14

满街都是
穿裙的人

LONGYI

龙基 / 昂山素季穿出传统魅力

东南亚国家里，还热衷于穿传统服装的，似乎就只剩下缅甸了。

“满街都是穿裙的人”是旅人抵达仰光的第一印象。为了入境随俗，抵达缅甸的第一天，我就到昂山市场买裙穿。这已经有超过百年历史的市场，有无数售卖缅甸传统服装的店铺。

当地人称之为“龙基”（Longyi）的缅甸传统服装裹裙，其实就是一块长约 3 米围在腰际的布料，和南亚（印度、巴基斯坦及尼泊尔等）的“多地”（Dhoti）以及马来西亚、印度尼西亚的“纱笼”（Sarong）基本雷同，只是花纹和穿法略有不同。其实缅甸人穿龙基的历史并不长，龙基是在英殖时代由印度传到缅甸来的。

一条简单的龙基价格约 6 美元，丝质的比棉质的贵很多，进行运动或干活时，当地男子撩起龙基，马上就变成热裤。龙基的用途很多，穿旧了，还能当成包袱来使用，在河边也经常能看见缅甸人用龙基来接水。缅甸龙基的穿法并不打结，穿一会儿就会松掉，得时时松绑再系紧，经常会看见当地人当众整装，不会觉得不雅。

穿上龙基后，马上就能理解到所谓的传统，其实都源自生活和环境，通风的龙基让人的身体更容易接受热带的溽热。

最懂得展现龙基传统魅力的无疑是昂山素季，除了以精湛动人的演讲掳获全球民众的目光之外，她的穿着打扮也成了缅甸人茶余饭后评头论足的话题。公众对女性领导者的期待，往往还延伸到她们的着装品位。

简单得体却花了心思搭配色彩的龙基和上衣，配上一双紧贴大地的日常拖鞋，她的发髻上总别上一串鲜花，而不是昂贵的珠宝，这一袭的装扮也成了昂山素季最醒目的标志，让最坚强也有了柔情的一面。有记者问她，是否就像国外的女性领导人一样有专属的造型师？她回答：一切都是亲力亲为，只根据自己现有的服装进行搭配。

昂山素季获释后的环球之旅，也是一场极具缅甸传统色彩的服装秀。会见各国领袖时她都换上了不同色彩和剪裁的上衣及龙基。缅甸人拿着杂志的照片到裁缝店，要裁缝师如法炮制。其实早在1980年代末，昂山素季由英国回到仰光照顾病重的母亲，一身端庄却不失创意的传统服装就已经蔚为时尚，缅甸女子都要师傅们缝制“昂山素季领”。或许女人才能理解女人对美的渴望和追求，据说在软禁期间，全国各地的支持者会寄给昂山各种布料。坚持要美，其实也保存了尊严，在艰难的年代里，这些对美所做出的努力，才让人在泥沼中也能绽放异彩吧。

特纳卡 / 少女的天然防晒霜

单靠龙基还不足以变成缅甸人，还要涂上特纳卡（Thanakha），一些女孩还特别讲究，利用特纳卡在脸上画上各种花纹，最常见的是菩提叶。特纳卡是取材自树干的纯天然防晒霜，价格便宜。在农业大国，黑黝黝的皮肤不会被视为健康美，而是农民的标签。但真正富有的人，才不会使用这些平民百姓的保养品，在缅甸日益增加的购物商场内，总能看见不少进口美容品的专柜。

▶ 纯天然的防晒霜

◀ 在市场内能买到定制的当地传统服装，不少游客喜欢到缅甸买布料并穿上当地服装。

▲ 当地人也爱美白，到处都能看见人使用特纳卡。

Chapter 15

缅甸餐，行不行？

BURMA MEAL

主食 / 你今天咖哩了没？

“吃饭没？”是亚洲人典型的寒暄问语，而缅甸人见面会问对方：“Bar hin ne sar le？”（你今天吃了什么咖哩？）可见咖哩在缅甸人心目中的地位。在缅甸旅行久了，随便走入一家餐馆，基本上不用看菜单，就在几种咖哩中作选择，牛、羊、海鲜或蔬菜，黏糊糊的，卖相不佳，却十分下饭。缅甸咖哩并没使用辣椒，因此一点也不辣。

缅甸咖哩上泛着一层厚厚油光，或许会令人皱起眉头，但正宗的缅甸咖哩就是要达到这种布满油光的效果，这证明咖哩中的各种香料已经炖煮到融于一体，不少人会用汤匙先将油水捞起再吃。

缅甸的食物和其国土一样，令人感觉神秘，身世也颇为模糊，正如缅甸文化，其饮食也深受印度和中国的影响。如果和泰国及东南亚各地比较，缅甸的食物算是比较单调的，离开了仰光等主要的旅游城市，选择就更少了，然而在主要旅游区还是能尝到西餐及各种菜肴。各个地区都有当地独特的特产，掸邦的豆腐特别美味，以豌豆制成，淡黄色的，油炸后更佳。

▲ 缅甸美食其实深受印度和中国的影响

▲ 随着经济的开放和观光客的涌入，缅甸的美食也有了改变。

国菜 / 鱼汤米粉

鱼汤米粉（Mohinga）是缅甸的国菜，在缅甸街头经常可以看见当地人挑着扁担卖鱼汤米粉。汤底以多种香料和鱼熬成，将米粉烫熟，再填上一些辅料，一般分量不大，几乎任何时候都能吃，但缅甸人特别喜欢在早餐的时候食用鱼汤米粉。汤底的配料因地域的不同而有些许变化，但总的来说变化不大。

吃在缅甸，其实十分随意。柜台前通常摆放了一盘盘煮好的食物，你只需指着你想吃的，服务员就会为你勺上一小份。菜量不大，但米饭却能任吃，甚至会免费送上例汤，现在的缅甸，吃饱比吃好重要吧。通常服务员会先端上一盘色拉，缅甸色拉以各种当地新鲜蔬菜组成，其中有生菜、小巧可爱的茄子，还有一团黑糊糊的、放入口里需要点勇气的腌菜，那其实是腌制的发酵茶叶。色拉、小菜、例汤等一一送上来后，餐桌就会出现隆重和丰盛的场面。

茶室 / 地道的缅甸日常生活

到缅甸旅行，自然不能错过到当地茶室喝杯茶，感受最日常和地道的缅甸生活。在大大小小的缅甸城镇中都能轻易找到茶室，大多数茶室也会供应类似印度煎饼的缅甸小吃，煎饼里还包着黄豆馅，蘸着咖喱吃，配上缅甸奶茶，是绝佳的早餐选择。茶室里提供的咖啡都是三合一速溶咖啡，如果想要喝到现磨咖啡，只能到西式的咖啡馆。

缅甸茶室很好辨识，户外通常会摆设几张小凳子和桌子，茶室内聊天的大多为男人，他们撩起龙基，点一根烟，唤年轻的服务员递来茶水，只需一点钱，就能消磨漫长的时光。桌子上摆放的铝茶壶装满预泡好的中国茶，类似口味较淡的普洱，但大多数缅甸人都喜欢喝加了炼奶的印度奶茶，甜得几乎半点茶味都没有，我点的时候得先要求服务员只加半份炼奶就好。缅甸茶室同时供应中国茶和印度奶茶，已经能看出这两个超级强国对它的影响。

茶室不止为缅甸男人们提供了廉价的休闲娱乐场所，更是流言蜚语的集散地，如果你能听得懂缅语，总能听到有人在挖苦政府，抱怨民生困难。过去人们都小心翼翼地挑选听众，担心因言获罪，在这一年，缅甸政府似乎放宽了对言论的控制，我就多次在茶室里和当地人聊起政治，谈到民生和政府时，他们依旧会压低嗓门。一名大学生告诉我：“不久前，我们甚至连谈论政治都要回避的，因为茶室里也混迹了政府的耳目。”

▲ 茶室是当地人讨论“国事”的公共空间

旅行家指南

地理环境

面积

676552平方公里（约为中国台湾省的19倍）。

位置

位于亚洲中南半岛西北部，北部和东北部与中国毗邻，东部和东南部与老挝和泰国相连，西南临印度洋的孟加拉国湾和安达曼海，西部和西北部与孟加拉及印度接壤。虽然缅甸和周边国家都有陆路关口，但一般外国人无法使用此通道，只能通过飞机进入缅甸。

首都

2005年首都由仰光迁都至内比都。

地形

地势北高南低，海岸线总长1930公里，占国境线总长的1/3；北方多森林高原，中部及南方多平原丘陵，境内有伊洛瓦底江等河流贯穿全境，使缅甸享有“亚洲谷仓”美名。

气候

南亚季风区，属热带季风气候，春季（11月至次年1月）较凉爽，温度约在27℃；夏季（2～5月）较酷热，温度可高达36℃；雨季（6～10月）较为潮湿，温度约在30℃，雨季期间须备雨具，尤其是7～8月，是一年之中的大雨季。

人文环境

简史

由9世纪中叶起，缅甸一共经历了蒲甘、东坞和贡榜三个王朝，此前缅甸是由各个族群的部落所统治，十分松散。蒲甘和贡榜政权的首都都位于缅甸中北部，而东坞王朝则定都于离仰光不远的勃固（Pegu）。

英国于 1824 至 1885 年，先后发动了三次侵略缅甸的战争，由沿海地区的若开邦开始逐渐占领缅甸，1886 年缅甸成为英殖印度的一个省份，而仰光成为其首府。

1941 年，在日本接受军事训练的昂山将军成立了缅甸军队，并连同日本人对抗英国殖民政府，后来昂山将军意识到日本人对缅甸也怀有野心。二战后，1948 年缅甸终于脱离英国独立，然而少数民族和缅族之间依旧有严重分歧，皆因英国统治期间，英国人给予少数民族自治权。

1962 年奈温将军推翻政府，并开始了专制的军人统治，自此缅甸对外实行了锁国政策。

1988 年，因经济形势恶化，缅甸爆发全国示威游行，并遭到军人政府的镇压，超过 3000 人丧命，奈温将军宣布退位，军人政府也决定推行民主选举。昂山素季领导的全国民主联盟在 1990 年的全国大选中获胜，但军人政府出尔反尔，无意交出政权，自此昂山素季开始了断断续续长达 20 年的软禁岁月。2007 年，缅甸掀起由僧侣团体领导的“袈裟革命”，抗议军人政府的霸道和邪恶，事件同样以镇压结束，通过 YouTube 及网络等，世界各地的民众看到了军人统治残酷的一面。

2008 年，台风“纳尔吉斯”登陆伊洛瓦底三角洲地带，造成超过 13 万人的死亡和失踪，灾难发生后，缅甸政府拒绝了不少国际人道救援组织进入缅甸，让灾情更为严重。

2010 年，缅甸根据新宪法举行多党制全国大选，同年昂山素季被释放，2011 年，拥有军人背景的登盛成为缅甸的新总统，并积极推动缅甸的民主和改革，他接受多家国际媒体采访时表示：“缅甸的改革绝对不会走回头路了，正因为我们现在走在正确的方向上。”他也呼吁西方国家能尽早解除对缅甸的制裁。

2012 年，缅甸进行补选，昂山素季获胜，并进入国会成为议员。

人民

约有 6000 万的人口，缅族约占 7 成，其他的 7 种少数民族，还能细分到约 135 个次民族，主要的少数民族为克伦族、掸族、克钦族、钦族、克耶族、孟族和若开族等，各个少数民族都有自己的语言，而且主要居住在边界地区。当地约有 250 万华侨，大部分来自中国沿海地区，比如福建。

宗教

佛教由印度和斯里兰卡传入缅甸，约九成缅甸的人口为上座部佛教徒。缅甸人相信建造佛塔是积德的一种善行，因此缅甸到处都是佛塔，无论是大城市或小地方，佛塔一定是当地地标。

缅甸人是虔诚的佛教徒，所以参观佛庙时都是毕恭毕敬，千万不要穿短裤或无袖汗衫进入寺庙和佛塔，必须脱下鞋袜，以示尊重。但在盛夏午后走进滚烫的佛庙可不是件有趣的事，所以建议在清晨或傍晚才参观佛庙。

缅甸人十分尊重僧侣，男人一生中至少要出家一次，可以是短短的一星期，只有出家过的男人才被视为真正的长大。女人剃度出家为尼也很平常，女尼身穿粉红色袈裟，很好辨认。

缅甸的佛教也和当地的原始宗教结合，当地人相信天地万物之间有神灵，同时供奉了三十多个民间守护神纳特（Nat），不同的纳特各司其职掌管不同的事物，也能为缅甸人排忧解难。

语言

官方语言为缅甸语。由于缅甸曾是英国殖民地，因此不少人都能说英语，特别是旅游区内沟通更是不成问题。经常用的缅甸语是 mingalaba，类似哈啰，意思为：祝你一天充满着吉祥。

媒体

www.irrawaddy.org　由缅甸流亡记者经营的网站，能阅读到不少关于缅甸政治、经济、文化等各方面的最新信息。

www.mmtimes.com 和 www.myanmar.com　官方网站，也能阅读到不少最新缅甸新闻。

货币

缅元（Burmese Kyat / Myanmar Kyat，货币代码：BUK；现行通用代码：MMK.）为缅甸通用货币，纸币面额有 50 分和 1、5、10、20、50、100、200、500、1000、5000 缅元，2012 年新发行 10000 缅元。硬币面值有 5、10、25、50 分及 1 缅元，1 缅元 =100 分。

出行资讯

时差

比北京时间慢 90 分钟（例如北京时间 10 时，缅甸时间为 8:30）。

电压

目前全国境内仍以 220V 三相为主，采用两孔圆脚插头，旅客若携带电气用品，需注意其适用性。除了首都内比都，其他地方经常停电。

季节

每年 12 月至次年 2 月是缅甸旅游高峰期，这期间到缅甸旅游一定要提早预订住宿和交通等，此时是缅甸的冬季，气候温和干燥，雨水最少，走常规路线的话，一件外套也已足够。仰光的气温在 28℃左右。

10 ~ 11 月及 3 ~ 4 月游客相对减少，气温也已经回升，总体来说依旧是不错的旅行季节。但 4 月份的仰光气温可高达 40℃。

5 ~ 9月为旅游淡季，此时最热。7 ~ 9月更是季风过境的季节，经常下雨，但雨水能有降温作用，草木也更绿。这时到缅甸旅行最好是准备好防晒用品及雨具等。

签证

签证有效期是三个月，可以停留 28 天。持中国护照办理缅甸签证，可由旅行社代办。备身份证复印件、护照正本、六个月内 2 寸彩色相片 3 张。

入出境

缅甸海关规定，每人只能带 2000 美元入境，旅客每到一处，所有开支和交通费、住宿费等，皆须由收费单位在外币申请书上填写消费金额及盖章，所以很容易发现外币是否用罄，或是否超带美金未申报。虽然海关有时未严格执行，但旅客不可不知。出境时，除了古董等不准携出外，海关也会详细核对入境时所申报贵重物品，若有未携出而无法交代去处之贵重物品，则课重税；此外，在境内若有重大支出，海关亦会检查收据，所以有重大开支，宜保留凭证。

入境时，可先免税携带香烟 200 支、酒 1 瓶、化妆水 1 瓶，但价钱需详实申报，以免出关时被没收或课重税。入境时，须填写一张《外币申请书》，待出境时核对支出与所换的外币是否平衡，如果差异太大会受到海关盘诘处以罚金。不需要入境或离境税，海关工作人员不会像柬埔寨一样要小费。

国际交通

根据缅甸的规定，外国人出入缅甸一般遵循“飞机来，飞机走；陆路来，陆路走”的原则，但也可以“陆路来，飞机走”。

从陆路进入必须参加旅行社，不允许外国人单独进入。如由中国境内进入缅甸，每个旅行者向旅行社缴纳300～400元人民币的参团费，由旅行社派出导游全权代为办理边境证、瑞丽出入境手续以及瑞丽—曼德勒往返段四个少数民族武装检查站的所有通关手续，将你一直安全送到曼德勒。

从空路来缅甸需经仰光国际机场和曼德勒国际机场，抵达时需提供填好的入境卡和健康情况卡，另需向海关提交申报单，如实申报所携带的外汇和需申报的物品。

国内交通

飞机：国内航班基本上不能在网上订票，可以通过饭店或旅行社购买，主要的旅游点都能乘坐飞机抵达。航空公司包括Air Bagan、Air Mandalay和Asian Wings，以Air Bagan的口碑最好。不过Air Mandalay有飞机套票，225美元能飞四程，日期可选，航班时间不可选，使用这个套票能节省不少路上的时间，也能走完缅甸主要的目的地。飞机偶有延误，但基本准点，还发生过乘客都完成登机后，飞机就提早起飞。单程机票由50～100美元左右。

长途客运：往往是最快和较为便宜的选择，而且主要景点之间的交通路况相对较好，可以让住处或旅行社代买车票等，会收取少量佣金，但能省下不少麻烦。搭夜车的话可节省不少旅行时间。

火车：火车网络不发达，速度慢价格贵，但却能在途中认识不少缅甸人。外国人必须支付较高的价格，由仰光搭汽车到曼德勒13美元，而火车的卧铺位则需35美元，外国人必须买头等座位，但不要对所谓的头等有任何的幻想。火车票必须以美金支付。

其他：缅甸是发展中国家，还使用不少传统交通工具，乡村小镇地区，除了马车，还有牛车，载人也载货。穿梭于大小城镇大街小巷的缅甸三轮车，构造特别，当地人称为“Saiq Ka”，来自英文的“side car”，造型灵感来自1930年代英国统治者的军用摩托车，车厢设有遮篷，而且是两人背对背坐着，像坐翘翘板，据说不少年轻的车夫还是失业的大学生。

仰光搭出租车一般2美元左右，到机场约8美元。大部分的司机都挺老实，不会乱开价。

住宿

一夕之间，缅甸成了旅人和商人们的新宠，最近去过缅甸的朋友们都说饭店价格上涨了不少。

在常规的旅游目的地，仰光、曼德勒、茵莱湖和蒲甘等，你能找到各种价位的房间，包括本土的顶级饭店品牌等，缅甸的国际连锁饭店是稀有品种，一般背包客都选择入住家庭旅馆风格的Guesthouse，双人房的价格在30美元左右，通常都附有早餐，早餐提供的咖啡通常是三合一速溶咖啡。Guesthouse也提供各种额外的服务，比如预订车票、收费洗衣服务等等。由于缅甸的住宿选择较少，一些受欢迎的饭店很快就会被订满。住宿费用也能以美元来结算。现在不少饭店也能通过email或网站来订房。缅甸虽然较为封闭，但上有政策下有对策，饭店客房的电视往往能收看国外的卫星电视节目，比如CNN和BBC等。

消费

算是低消费国家，但由于旅游业并不发达，可选择的住宿较少，若和柬埔寨、泰国等比较，会发现缅甸的旅游费用较高，加上缅甸国内交通不方便，因此为了节省时间，你或许需要搭飞机。背包旅行的话，一天50美金算是颇为充裕的了。

现金

过去到缅甸旅行，游客必须在机场强制兑换200美元的外汇券，但这规定已经取消，游客现在已经能在机场兑换和市中心差不多汇率的缅甸币。较好的饭店能让你刷信用卡取钱，但佣金极高。美元是最方面的外汇，饭店、

旅行家指南

门票、火车票和不少餐馆都能使用美元来付款。请准备美金现钞前往，旅行支票与信用卡使用上皆很不方便。同时记得换较新版本的美元（2006 年以上），并且确保美元是完美无瑕的，不能有任何污迹和折痕。之前在兑换钱币时，一张崭新的美元被退回来，后来对着光看，才发现美元上有个基本上连肉眼也看不到的针孔。目前，1 美元能换约 880 缅元，汇率最好的地方在仰光，其次为曼德勒。蒲甘和茵莱湖的汇率最低。在大城市的市场都能轻易兑换到当地货币，特别是游客聚集的市场，在仰光街头会遇到黑市兑换商，但不少人由于不熟悉缅甸币值，特别容易上当。

通讯

在缅甸，手机是奢侈品，据说只有 1% 的人口拥有手机，除了最近中国联通和缅甸的通讯供货商开通了漫游服务外，基本上国外手机在缅甸都无法使用，只能当成看时钟的手表。一张 Sim 卡的价格要 200 美元，也是令人吃不消的价格，因此要和外界保持联系，最便宜的方法无疑是采用电子邮件。

饭店一般都能帮你拨打国际长途电话，到亚洲 1 分钟价格 3 美元左右。拨打缅甸境内长途或市内电话，一般杂货店也会提供此服务。但缅甸国内的通讯设施十分落后，就算市话也经常打不通。

网络

根据 2010 年官方数据显示，缅甸共有 44 万名网络注册用户，基本上主要旅游目的地都有网吧，曼德勒、仰光、蒲甘和茵莱湖都能轻易找到网吧。但是速度往往慢得让人难以接受。1 小时的价格为 1 美元左右，许多当地人使用 Gmail，因此速度较快。一些地方有 Wifi，但利用手机上网速度慢得惊人。随着缅甸的开放，相信这种情况会逐渐改善。

摄影

缅甸人都很友善，基本上也喜欢被拍照，特别是当地的小孩，基本上只要打声招呼，缅甸人都很乐意上镜。但切忌拍摄军人、军事基地等。有些观光区摄影时，照相机要收费约 500 ~ 800 缅元。

衣着

全年以夏天清凉服装但以有袖不露肩服装为主，女士请勿穿着高跟鞋与短于膝盖之上的裙子，以免受制于规定无法进入特定景点。轻薄的服装最适合缅甸炎热的夏日，类似彬坞伦（眉苗）的高山地区需穿长袖衫与外套，因为每当进入寺庙或佛塔时需脱掉鞋子与袜子，所以一般出门穿拖鞋比较方便！

风俗

进入寺庙或佛塔等地参观时，请先行脱下鞋袜（含女性的丝袜），随后才得进入参观，这一切只表示尊敬，有些寺庙不像泰国寺庙那么一尘不染，寺庙内的地板或许有小石子，绝对会让你马上练就一番轻功。

在寺庙内不可大声喧哗，也不要以左手手指指人，也不可在寺庙内吃零食或在寺庙内任意照相（要照相请先付钱缴照相费），亦不可用手抚摸孩子的头部，尤其对出家人要记得男女授受不亲，不要随意与出家人搭肩勾背，因为这些行为举止在当地是被视为“大不敬”的。

节庆

缅甸新年 Thingyan 类似泰国的泼水节，一般在干燥而炎热的 4 月份，一共举行三天，这期间到缅甸旅游一定要提早安排交通和住宿并穿上防水衣物，整个国家陷入狂欢之中，不少餐馆也闭门休息。缅甸人相信这三天纳特（Nat）神之首 Thagyamin 会到访人间巡查，并记录下人类所做的好事及坏事，而第三天早上送走 Thagyamin 之后，缅甸的新年就开始了。

治安

基本上缅甸民性温驯、治安良好，旅行者不会遇到太大的麻烦，需要注意的或许是交通安全，因为路上几乎没什么红绿灯，过马路要特别小心。

目前仍属军事执政时期，所以结社及言论自由仍有所限制。

小费

一般服务人员之搬运行李及床头小费约500缅元，参观寺庙或佛塔时若使用相机或摄影机需额外支付“香油钱”。

购物

缅甸特产以珠宝玉石珍珠为主，尚有竹编手工、漆器、木雕品、手编布料、藤制品等手工艺品，旅客若购买珠宝玉石，须持有缅甸政府授权许可完税之证明（收据），方可携带出境。另请向当地旅行社或商店索取收据，以兹保证出境。

龙基

不少人都会买一两条龙基作纪念，或者在当地穿上。缅甸到处都能买到龙基，最便宜的价格在6美元左右，买好了龙基，还能让市场内的裁缝帮你加工。

漆器

缅甸的漆器很有名，也有各种大小和款式供选择，一般人会在蒲甘购买，因为当地的漆器质量比较高。

玉石

缅甸市场里最常见的就是翡翠和玉石，曼德勒和仰光都有玉石市场，但价格较高，所以若是行家懂得辨识真假的话，才不会轻易被骗。

昂山素季T恤和海报

这是很受欢迎的纪念品，在大城市都能轻易找到。

编后记。

回到旅行的初衷

熬过雾霾重重的冬天，一颗牵手看世界的心蠢蠢欲动。

不少童鞋会把目光投往新马泰，开始他们迈出国门的第一站；许多东南亚自由行的拥趸，去几次还不够，回来孜孜不倦地告诉你东南亚究竟有多好玩，哪些“死角”是没有被大多数国人“攻陷”……东南亚国家就是那样的热情，佛光与繁花映照，喧嚣与骚动翻涌，像一口沸沸腾腾的大火锅，永不冷清，即便受到短暂的政治风波冲击，也阻止不了全球背包客的脚步。

若论哪几个东南亚国家最受国民宠爱，无疑泰国、新加坡、马来西亚人气高，菲律宾、印度尼西亚的蔚蓝海岛也能勾人魂魄，柬埔寨和越南颇具人文情怀，怀旧未尝不可，稍被国人冷落的是缅甸、老挝，它们一副与世无争的姿态，既不煽情也不刻意，你去，还是不去？

作为叶孝忠的忠实阅读者，我在收到他的缅甸书稿时，仍一头雾水心里没底。即便新马泰被人写滥了，即便*Lonely planet*在2012年把缅甸列为世界第三的最佳旅游目的地，“爱旅行的人都爱*Lonely planet*”的LP粉，真心会买缅甸的账吗？我不确定。做书时，我拼命想象缅甸就像不丹一样，因为梁朝伟和刘嘉玲大婚而一夜走红，但失望的是，缅甸温吞如水、激情难觅，好新闻没有太好，坏新闻也不至于太坏。当我们身处在一个轻松出行的年代，井喷的旅人比以往任何时候都更容易获得新鲜、刺激的旅行体验时，谁会想起缅甸呢？

缅甸实在没有一下子绚烂的资本，看起来对新马泰毫无杀伤力。然而令我意外的是，圈子里热衷旅行的几拨朋友不声不响的竟然都去了缅甸，回来后兴奋地对我说：“嘿，缅甸比泰国还要好玩。”问起孝忠老师这回事，他说，像缅甸这样的目的地已经不多了，不少朋友都想在缅甸尚未改变时去看看。缅甸的纯朴会令你一见如故。缅甸的范儿，像极了未加粉饰的亚洲姑娘，如果清秀也能撩拨人心，那刚好诠释了欧美旅人为什么对缅甸情有独钟。

许多常年走在路上的资深背包客，在缅甸又找回了旅行的初衷。这场旅行并不华丽，甚至这本书的文字也如缅甸一样淡定，“艳遇”、“诱惑”这类矫情的字眼儿与缅甸无关，缅甸有的只是一份恬淡，或许只有在缅甸，“不忘初衷，方得始终”。

记得当看到书里旅人静静坐在暮色中的佛塔边，目光平和地望向远处的照片时，我内心一瞬间竟温暖起来。忽然很想要尽快去一趟缅甸，带着我编辑的这本书。

本书策划：蔡小抹
E-mail：48962491@qq.com

过去一直都在，不会走开。
无论缅甸如何改变，
都无法改变人们在这里找到旅行意义的事实。
现在去缅甸，最好。